Le guide facile pour investir en France Stratégies pour un budget limité

Copyright Robert Montella © 2024

Tous droits réservés.

ISBN :

Sommaire

Avant-propos 7

Introduction 9

Chapitre 1 : Les bases de l'investissement 11

Chapitre 2 : Mon parcours personnel en tant qu'investisseur 27

Chapitre 3 : Les principes clés de l'investissement 37

Chapitre 4 : Les différentes classes d'actifs 49

Chapitre 5 : Les outils et plateformes d'investissement 55

Chapitre 6 : Construire un portefeuille d'investissement 63

Chapitre 7 : Les stratégies d'investissement.. 71

Chapitre 8 : Les défis et les opportunités sur les marchés financiers 79

Chapitre 9 : Les aspects fiscaux de l'investissement................................... 87

Conclusion... 99

Conseils finaux 103

Avant-propos

L'investissement a longtemps été considéré comme un domaine réservé aux nantis, aux personnes fortunées disposant de capitaux importants à faire fructifier. Pourtant, au fil de mes expériences personnelles, j'ai compris qu'investir de manière avisée en France est tout à fait possible, même avec des ressources financières limitées et de petits fonds. C'est justement ce cheminement que je souhaite partager avec vous au travers de cet ouvrage pour en faire profiter d'autres investisseurs hésitants et avec peu de moyens.

Jeune diplômé, j'avoue que les finances n'étaient pas mon fort. Mes premiers salaires partaient aussi vite qu'ils arrivaient, entre les dépenses du quotidien et quelques plaisirs. Investir ? Cette notion m'échappait complètement à l'époque. Et pourtant, un événement allait changer ma perspective. En recevant un modeste héritage de la part d'un membre de ma famille, je me suis retrouvé avec un petit pécule dont je ne savais que faire. Le placer à la banque ne me semblait pas une option judicieuse au vu des taux d'intérêt dérisoires. C'est alors que j'ai commencé à m'intéresser aux placements financiers et à l'immobilier locatif.

Au départ, c'était un véritable casse-tête pour moi. Les terminologies boursières, les différents types de produits d'investissement, l'analyse des marchés immobiliers... Tout cela représentait un défi de taille. Mais plutôt que de me décourager, j'ai vu cette opportunité comme un formidable terrain d'apprentissage. Je me suis formé en autodidacte, en lisant de nombreux ouvrages spécialisés et en échangeant avec des investisseurs plus expérimentés.

Bien que modestes au début, mes premiers investissements, réalisés avec patience et discernement, ont commencé à porter leurs fruits. Et c'est là que j'ai compris une vérité fondamentale : l'investissement n'est pas réservé aux grosses fortunes, à condition d'adopter les bonnes stratégies et de rester persévérant sur le long terme.

Dans les pages qui suivent, je partagerai avec vous les leçons précieuses que j'ai tirées de mon parcours. Nous aborderons les différents types de placement accessibles avec un budget restreint, du marché boursier à l'immobilier locatif en passant par les produits d'épargne. Nous explorerons les pièges à éviter, les bons réflexes à adopter et les astuces pour optimiser vos investissements. Car investir en France, même avec des moyens limités, est un défi à la portée de tous, à condition bien sûr de s'armer de patience, de rigueur et d'une solide connaissance des marchés.

Mon objectif à travers ce guide est de vous transmettre les clés pour débuter en toute sérénité dans l'univers de l'investissement. En appliquant les principes décrits ici, en dosant vos efforts et en capitalisant sur vos gains au fil du temps, vous constaterez qu'il est tout à fait possible de constituer un patrimoine confortable, même en partant de zéro.

Alors n'ayez crainte, plongez dans ces pages avec curiosité et enthousiasme. L'aventure de l'investissement à votre portée vous attend !

Introduction

Investir, faire fructifier son argent, préparer sereinement son avenir financier... Autant de notions qui peuvent paraître intimidantes, voire réservées à une certaine élite fortunée. Pourtant, il n'en est rien. L'investissement, lorsqu'il est abordé de manière réfléchie et méthodique, est à la portée de tous, même avec des moyens modestes.

C'est précisément l'objet de ce guide : proposer une approche pragmatique et accessible à tous pour investir en France de façon raisonnée et intelligente, quels que soient ses moyens de départ. Conçu comme un compagnon de route bienveillant, cet ouvrage a pour ambition de lever les barrières psychologiques et techniques qui peuvent freiner les primo-investisseurs.

Bien que traitant d'un sujet complexe, ce guide a été pensé comme un compagnon de route bienveillant et pédagogue. Pas à pas, nous aborderons les différents types de placements envisageables, des plus classiques comme l'immobilier locatif ou les produits d'épargne, aux options plus dynamiques telles que la Bourse ou les cryptomonnaies.

Pour chacun de ces univers, nous prendrons le temps de bien cerner les tenants et les aboutissants, d'analyser les avantages et les risques, afin de vous permettre de choisir les solutions les plus adaptées à votre profil et à vos objectifs. L'idée est de vous aider à constituer, en douceur, un portefeuille d'investissements équilibré et résilient.

Au travers d'exemples concrets et de précieux conseils éprouvés sur le terrain, vous découvrirez les meilleures pratiques pour optimiser vos placements, que ce soit en termes de rendements, de fiscalité ou encore de sécurisation de vos actifs. L'objectif demeure toujours le même : vous transmettre une méthode pragmatique et rassurante, pour aborder l'investissement l'esprit serein.

Car investir n'a rien d'un parcours hasardeux ou réservé aux initiés. Tout est avant tout une question de préparation, de stratégie à long terme et de bon sens. En suivant les recommandations présentées ici, nul doute que vous serez en mesure de tracer votre propre voie vers la liberté financière, quel que soit votre point de départ.

Loin des discours moralisateurs ou des promesses miracles, ce livre se veut un outil concret et réaliste, mariant théorie et exemples pratiques pour aider le lecteur à se lancer en confiance. Qu'il soit étudiant, jeune actif ou dans une autre tranche de vie, chacun y trouvera les ressources nécessaires pour transformer son épargne en un patrimoine durable et source d'opportunités.

Construire un patrimoine solide en territoire français malgré un budget restreint au démarrage n'est donc plus un rêve inaccessible. En embrassant cette démarche réfléchie et pragmatique, le lecteur pourra apprivoiser les arcanes des placements financiers et immobiliers, et franchir un cap décisif vers la liberté financière à laquelle chacun peut légitimement aspirer.

Chapitre 1 : Les bases de l'investissement

Avant de se lancer tête baissée dans l'univers complexe des placements financiers et immobiliers, il est primordial de poser de solides bases théoriques. Tout investisseur avisé vous le dira : la connaissance représente la meilleure arme pour transformer une simple épargne en un patrimoine durable et source de revenus complémentaires.

Dans ce chapitre inaugural, nous étudierons ensemble les principes fondamentaux qui régissent l'acte d'investir. Qu'il s'agisse de produits d'épargne classiques, de l'immobilier locatif ou encore des marchés boursiers, tous reposent sur des concepts clés qu'il convient d'assimiler avant toute chose.

Au terme de ce chapitre théorique mais essentiel, vous disposerez d'un bagage conceptuel complet pour aborder l'investissement avec sérénité et méthode. Les bases solidement ancrées, vous serez alors parfaitement armés pour explorer en profondeur les différents univers de placements et construire, étape après étape, une stratégie patrimoniale durable et génératrice de prospérité financière.

1. Définition de l'investissement

Investir, un terme devenu omniprésent dans notre société, mais dont la signification profonde n'est pas toujours bien cernée. Avant d'explorer les arcanes des différents marchés et produits financiers, nous devons revenir aux fondamentaux en posant une définition claire et précise de cette notion.

À son niveau le plus basique, investir consiste à engager des ressources, généralement de l'argent, dans le but d'en tirer des profits futurs. Il s'agit donc d'un processus visant à faire fructifier un capital initial sur le long terme, par opposition à la simple épargne qui relève davantage de la thésaurisation.

Cependant, cette définition minimaliste ne suffit pas à saisir toute la complexité et les nuances inhérentes à l'acte d'investir. Car si l'objectif de valorisation patrimoniale demeure, les motivations sous-jacentes et les moyens d'y parvenir peuvent grandement varier.

Pour certains, investir représente une façon de préparer sereinement leur retraite en constituant un complément aux régimes de base. D'autres y voient un moyen de transmettre un patrimoine conséquent à leurs proches. La quête de revenus complémentaires ou la réalisation d'un projet particulier peuvent aussi motiver le choix d'investir.

Au-delà des objectifs personnels, l'investissement revêt également une dimension sociétale majeure. En orientant leurs capitaux vers les entreprises ou les projets immobiliers les plus prometteurs, les investisseurs participent activement au financement et au développement de l'économie réelle.

Les véhicules d'investissement sont, eux aussi, extrêmement variés. Des produits d'épargne bancaire classiques aux cryptomonnaies de dernière génération, en passant par l'immobilier locatif ou les marchés boursiers, les options ne manquent pas pour valoriser son patrimoine à long terme.

Néanmoins, quel que soit le support choisi, cela implique toujours une prise de risque, modérée ou élevée selon les cas. Contrairement à l'épargne de précaution qui vise avant tout la sécurisation des avoirs, l'investisseur accepte d'exposer temporairement son capital dans l'espoir d'en tirer des rendements supérieurs.

Cette recherche de rendement potentiellement élevé distingue également l'investissement de la spéculation, laquelle mise davantage sur des gains rapides par le jeu des hausses et baisses de cours, souvent en prenant des risques démesurés.

Par conséquent, il apparaît comme un processus dynamique et multiforme, combinant un horizon de placement à long terme, une prise de risques réfléchie et une grande diversité d'objectifs et de supports possibles. Loin d'être un simple exercice de gestion de portefeuille, il s'agit d'un levier puissant pour préparer son avenir financier, faire fructifier son patrimoine et contribuer au développement de l'économie dans son ensemble.

2. Pourquoi investir ?

Après avoir posé une définition précise de l'investissement, une question fondamentale se pose : pourquoi franchir le cap et engager une partie de son épargne dans cette voie ? En d'autres termes, quelles sont les motivations profondes qui poussent les individus à investir ?

C'est une décision capitale qui peut avoir un impact significatif sur votre avenir financier. Dans un monde en constante évolution, où les coûts de la vie ne cessent d'augmenter, on se doit de prendre des mesures proactives pour assurer votre sécurité financière à long terme. Que ce soit pour préparer une retraite confortable, financer les études de vos enfants, acquérir une propriété ou simplement constituer un coussin de sécurité pour les imprévus, l'investissement est une stratégie incontournable.

L'acte d'investir peut prendre diverses formes, allant des placements traditionnels tels que les actions, les obligations et les fonds communs de placement, aux options plus récentes comme les crypto-monnaies ou les investissements immobiliers. Chaque option comporte ses propres risques et rendements potentiels, et il est important de bien comprendre ces nuances avant de vous engager.

L'un des principaux avantages est le pouvoir de la capitalisation composée. En plaçant votre argent de manière judicieuse, vous lui permettez de travailler pour vous et de générer des rendements supplémentaires sur les gains déjà réalisés. Au fil du temps, cet effet boule de neige peut se traduire par une croissance substantielle de votre patrimoine.

Toutefois, investir n'est pas un jeu de hasard. Cela nécessite une planification minutieuse, une compréhension approfondie des marchés et une gestion prudente des risques. Il est essentiel de diversifier votre portefeuille, de rester informé des tendances économiques et de faire preuve de patience et de discipline, car les fluctuations à court terme sont inévitables.

C'est un levier financier puissant pour prendre en main votre avenir financier et de vous préparer aux défis et aux opportunités à venir. Que vous soyez un débutant ou un investisseur expérimenté, vous vous devez de rester ouvert d'esprit, de continuer à apprendre et de travailler avec des conseillers financiers compétents pour atteindre vos objectifs à long terme.

- Préparer une retraite confortable

Se constituer un capital confortable pour préparer une retraite agréable et sans soucis financiers représente l'un des principaux défis patrimoniaux de notre époque, du moins l'un des plus recherché. Avec l'augmentation de l'espérance de vie et les défis croissants auxquels sont confrontés les systèmes de retraite publics, il est devenu plus important que jamais de prendre en main son avenir financier et de constituer un patrimoine solide pour ses vieux jours.

L'investissement à long terme est la clé pour atteindre cet objectif. En commençant à épargner et à investir dès que possible, même avec des montants modestes, vous permettez à votre argent de bénéficier du pouvoir de la capitalisation composée. Au fil des années, vos placements peuvent se multiplier grâce aux intérêts et aux rendements réinvestis, créant ainsi un effet boule de neige qui peut vous aider à accumuler un patrimoine confortable pour votre retraite.

Il faut comprendre aussi que pour la retraite n'est pas un processus linéaire. Il nécessite une planification minutieuse, une gestion prudente des risques et une stratégie adaptée à votre profil de risque et à vos objectifs spécifiques. Cela peut impliquer de diversifier votre portefeuille en répartissant vos financements dans différentes classes d'actifs, telles que les actions, les obligations, les fonds communs de placement ou même l'immobilier.

L'un des avantages clés pour la retraite est la possibilité de bénéficier d'avantages fiscaux. De nombreux pays proposent des comptes d'épargne retraite spéciaux, comme les REER au Canada ou les 401(k) aux États-Unis, qui offrent des déductions fiscales et une croissance en franchise d'impôt pour vos investissements. Ces incitatifs fiscaux peuvent vous aider à maximiser vos rendements et à accumuler un patrimoine plus important pour votre retraite.

Il est également important de rester flexible et d'ajuster votre stratégie au fil du temps. À mesure que vous vous rapprochez de la retraite, il peut être judicieux de réduire progressivement votre exposition aux risques en ajustant l'allocation de votre portefeuille vers des investissements plus conservateurs. Cela peut vous aider à préserver votre patrimoine accumulé et à éviter les pertes potentielles liées aux fluctuations du marché.

En fin de compte, c'est un processus de longue haleine qui nécessite de la discipline, de la patience et une compréhension approfondie des principes fondamentaux. Cependant, en commençant tôt et en suivant une stratégie bien pensée, vous pouvez vous donner les moyens de profiter pleinement de vos années de retraite, sans stress financier et avec la tranquillité d'esprit que procure une sécurité financière à long terme.

- Transmettre un patrimoine

Bien au-delà de la simple préparation d'une retraite confortable, il s'agit ici de bâtir sur le long terme un véritable legs à léguer aux générations suivantes. Qu'il s'agisse de léguer un héritage financier à ses enfants ou petits-enfants, de financer leurs études supérieures ou de leur donner un coup de pouce pour acquérir leur première propriété, l'investissement peut être un moyen puissant de façonner l'avenir de sa famille et de perpétuer son patrimoine.

Pour de nombreux parents ou grands-parents, l'idée de pouvoir offrir un meilleur départ dans la vie à leurs descendants est une motivation profonde. Dans un monde où les coûts de l'éducation et de l'immobilier ne cessent d'augmenter, constituer un patrimoine substantiel peut alléger considérablement le fardeau financier des jeunes générations et leur permettre de poursuivre leurs rêves sans être entravés par des contraintes financières.

L'investissement à long terme est la clé pour atteindre cet objectif. En commençant à investir tôt et en bénéficiant du pouvoir de la capitalisation composée, même de modestes contributions régulières peuvent se transformer en un patrimoine considérable au fil des décennies. Cela peut prendre la forme d'un portefeuille d'investissements diversifié, comprenant des actions, des obligations, des fonds communs de placement ou même des biens immobiliers.

Un aspect significatif de la transmission d'un patrimoine est la planification successorale. C'est de mettre en place des stratégies juridiques et fiscales appropriées pour s'assurer que vos actifs seront transférés à vos bénéficiaires de la manière la plus efficace possible, tout en minimisant les éventuels impôts ou frictions. Cela peut impliquer la rédaction d'un testament clair, la mise en place de fiducies ou l'utilisation de stratégies de dons de bienfaisance.

Outre les avantages financiers évidents, cela peut également être une façon de transmettre des valeurs familiales et des leçons de gestion financière responsable aux générations futures. En impliquant vos enfants ou petits-enfants dans le processus, vous pouvez leur enseigner l'importance de l'épargne, de la patience et de la discipline financière, des qualités qui leur seront précieuses tout au long de leur vie.

Notez que la transmission d'un patrimoine n'est pas réservée aux ultra-riches. Grâce à la puissance de l'investissement à long terme, même des personnes aux revenus modestes peuvent constituer un patrimoine significatif à léguer à leurs proches. L'essentiel est de commencer tôt, d'être constant dans ses efforts et de bénéficier des avantages de la croissance composée au fil du temps.

C'est un acte d'amour et de générosité qui peut avoir un impact durable sur la vie de vos descendants. Mais aussi un moyen de leur offrir de meilleures opportunités, de les aider à réaliser leurs rêves et de perpétuer votre héritage au-delà de votre propre existence.

- Dégager des revenus complémentaires

Pour d'autres, la motivation principale réside dans la recherche de revenus complémentaires, parfois indispensables pour boucler les fins de mois.

Par exemple, investir dans des actions versant des dividendes, des obligations ou des fonds de placement immobilier peut procurer un revenu passif stable au fil du temps. Certains investisseurs choisissent également de développer un portefeuille de biens locatifs pour bénéficier de loyers mensuels.

L'avantage ici, est la flexibilité et le contrôle qu'il offre. Contrairement à un emploi traditionnel, vous pouvez ajuster votre stratégie en fonction de vos objectifs et de votre tolérance au risque, tout en bénéficiant d'une source de revenus diversifiée qui n'est pas liée à un seul employeur ou à un seul secteur d'activité.

De plus, les revenus issus des placements peuvent être particulièrement avantageux sur le plan fiscal, notamment grâce à des taux d'imposition préférentiels sur les dividendes et les gains en capital dans de nombreux pays. Cela peut vous permettre de maximiser vos rendements et de conserver une plus grande partie de vos revenus complémentaires.

Bien entendu, générer des revenus complémentaires de la sorte nécessite une compréhension approfondie des marchés, une gestion prudente des risques et une stratégie bien définie. Diversifiez votre portefeuille, restez informé des tendances économiques et de faites preuve de patience et de discipline, car les fluctuations à court terme sont inévitables. Pour ceux qui sont prêts à consacrer le temps et les efforts nécessaires, les récompenses potentielles peuvent être substantielles.

- Réaliser un projet particulier

L'investissement peut aussi apparaître comme un moyen d'atteindre un objectif personnel précis. Qu'il s'agisse d'un financement pour l'achat d'une maison, la création d'une entreprise, le voyage de ses rêves ou encore les études d'un enfant, puisqu'il est motivé par un projet précis et défini. Cette démarche exige souvent une planification financière minutieuse, une évaluation rigoureuse des besoins et des coûts associés au projet, ainsi qu'une réflexion sur les meilleures stratégies pour atteindre les objectifs fixés. Les investisseurs peuvent opter pour différentes formes selon la nature du projet, tels que l'épargne régulière, l'achat d'actifs spécifiques, la constitution d'un portefeuille diversifié ou encore le recours à des instruments financiers spécialisés comme les prêts ou les fonds de placement. En mobilisant leurs ressources de manière stratégique et en planifiant judicieusement leurs investissements, les individus peuvent mettre toutes les chances de leur côté pour mener à bien leur projet et atteindre leurs aspirations personnelles et professionnelles.

- Valoriser son patrimoine

Plus généralement, investir offre l'opportunité de faire fructifier son épargne de manière active, plutôt que de la laisser dormante sur un compte bancaire classique aux rendements dérisoires. Cette approche repose sur la conviction que la croissance de la richesse au fil du temps est essentielle pour assurer la sécurité financière à long terme et préparer l'avenir des générations futures. Les investisseurs adoptent diverses stratégies pour atteindre cet objectif, notamment en allouant des fonds à des actifs à forte croissance tels que les actions de sociétés en plein essor, les fonds indiciels, les fonds immobiliers ou les participations dans des startups prometteuses. Ils peuvent également opter pour des véhicules d'investissement à plus long terme, comme les obligations d'État ou dans des projets d'infrastructure, qui offrent des rendements stables et prévisibles sur le long terme. Une approche diversifiée, jumelée à un suivi rigoureux des investissements, permet aux individus de constituer un portefeuille solide et résilient, apte à résister aux fluctuations économiques et à prospérer dans un environnement financier dynamique. La valorisation progressive de ses avoirs permet d'accroître significativement son patrimoine global et d'ouvrir de nouvelles perspectives financières.

- Contribuer au financement de l'économie

Enfin, en orientant leurs capitaux vers les entreprises, les projets immobiliers ou les acteurs économiques prometteurs, les investisseurs participent activement au développement et au dynamisme de l'économie dans son ensemble. Cette dimension sociétale apporte une motivation supplémentaire à l'acte d'investir.

Quelle que soit la raison première : préparation de la retraite, transmission d'un patrimoine ou autre, l'investissement représente un formidable outil pour se projeter sur le long terme et concrétiser ses ambitions financières. En contrepartie d'un effort d'épargne soutenu et d'une prise de risque mesurée, il promet de substantiels bénéfices, bien au-delà de la simple rémunération d'un livret d'épargne.

3. Les différents types d'investissement

Si l'investissement se définit par un processus visant à valoriser un capital sur le long terme, les options pour y parvenir sont pour leur part d'une grande diversité. Des placements financiers traditionnels aux nouveaux produits émergents, en passant par l'immobilier locatif, de multiples catégories d'actifs s'offrent aux investisseurs en quête de rentabilité.

L'objectif, est de dresser un panorama complet de ces différents types. En cernant les spécificités, avantages et inconvénients de chacun, le lecteur disposera d'une vision d'ensemble indispensable pour définir sa propre stratégie patrimoniale.

- Les produits d'épargne classiques

Généralement considérés comme les placements les moins risqués, les produits d'épargne réglementés constituent souvent une première étape pour l'investisseur apprenti. Ces produits incluent les comptes d'épargne, les certificats de dépôt (CD), les obligations d'État et les fonds du marché monétaire. Leur attrait réside dans leur nature relativement sûre et stable, offrant un faible niveau de risque par rapport à d'autres formes d'investissement plus volatiles. Les comptes d'épargne et les CD, par exemple, offrent des taux d'intérêt fixes garantis, assurant ainsi la sécurité du capital investi tout en générant un rendement modeste. Les obligations d'État, émises par des gouvernements, sont également appréciées pour leur fiabilité et leur régularité des paiements d'intérêts. Enfin, les fonds du marché monétaire investissent dans des instruments à court terme tels que les bons du Trésor et les certificats de dépôt, offrant une liquidité élevée et un faible risque de perte en capital. Bien que ces produits d'épargne classiques puissent offrir des rendements plus modestes par rapport à d'autres formes, ils sont souvent privilégiés pour leur stabilité et leur prévisibilité, constituant ainsi une composante essentielle d'une stratégie de gestion financière prudente et équilibrée. Les placements financiers

Sur un spectre de risque plus élevé se situent les différents marchés et produits financiers comme les actions, les obligations d'entreprises ou encore les fonds d'investissement (OPCVM, FCP...). Avec des rendements potentiellement supérieurs mais une volatilité marquée, ces actifs requièrent un suivi et une compréhension approfondie de la part de l'investisseur.

Les dérivés actions ou sur indices, aux mécanismes complexes, seront réservés aux investisseurs les plus aguerris et tolérants au risque.

- L'immobilier locatif

Véritable valeur refuge, le placement immobilier a toujours la faveur d'un grand nombre d'épargnants français séduits par son côté concret et tangible. Cette stratégie implique l'achat de biens immobiliers dans le but de les louer à des locataires, générant ainsi un flux de revenus passif régulier. L'attrait de l'immobilier locatif réside dans sa stabilité et sa capacité à générer des rendements à long terme. En investissant dans des propriétés bien situées et en demandant des loyers compétitifs, les investisseurs peuvent non seulement couvrir les coûts d'exploitation et de maintenance, mais aussi réaliser un profit supplémentaire. De plus, la valeur des biens immobiliers a tendance à augmenter avec le temps, ce qui offre aux investisseurs la possibilité de réaliser un gain en capital lors de la revente. Toutefois, l'investissement dans l'immobilier locatif nécessite une gestion diligente et une compréhension approfondie du marché immobilier local. Les investisseurs doivent également prendre en compte les fluctuations économiques, les réglementations gouvernementales et les risques liés à la vacance et aux mauvais payeurs. Malgré ces défis, de nombreux investisseurs considèrent l'immobilier locatif comme un moyen sûr et fiable de diversifier leur portefeuille, de générer des revenus passifs et de créer de la richesse à long terme.

- Les produits alternatifs

Enfin, de nouvelles classes d'actifs font leur apparition sur le marché de l'investissement. Les produits alternatifs représentent un type d'investissement qui diffère des investissements traditionnels tels que les actions et les obligations. Ces produits offrent aux investisseurs la possibilité de diversifier leur portefeuille et de générer des rendements potentiels dans des domaines moins traditionnels. Les produits alternatifs comprennent une gamme diversifiée d'actifs, tels que les matières premières, les biens immobiliers, les fonds spéculatifs, les participations dans les start-ups, les œuvres d'art, les produits dérivés des jetons non fongibles (NFT), les métaux précieux, du financement participatif et même les crypto-monnaies. Cette diversité permet aux investisseurs d'accéder à des opportunités de croissance et de rendement dans des secteurs variés, tout en réduisant le risque global de leur portefeuille. Ils sont souvent considérés comme moins corrélés aux marchés traditionnels, ce qui signifie qu'ils peuvent offrir une protection contre la volatilité des marchés boursiers et obligataires. Cependant, il est important de noter que les produits alternatifs peuvent également présenter des risques plus élevés, notamment en termes de liquidité, de complexité et de performance. Par conséquent, il est essentiel pour les investisseurs de faire preuve de diligence raisonnable et de comprendre pleinement les caractéristiques et les risques de chaque produit alternatif avant de prendre des décisions d'investissement.

Bien que prometteurs en termes de rendements potentiels, ces supports très spéculatifs présentent aussi de lourds risques et nécessitent une grande expertise de la part des investisseurs.

Cet aperçu, forcément non exhaustif, permet néanmoins d'embrasser la grande diversité des options qui s'offrent à l'épargnant désireux de faire fructifier son capital. La clé de la réussite résidera dans la capacité à déterminer sa stratégie personnelle en fonction de son profil de risque, de son horizon de placement et de ses objectifs patrimoniaux.

Grâce aux bases acquises dans ce chapitre, vous serez désormais disposé des prérequis nécessaires pour vous lancer dans l'exploration détaillée des grands types d'investissement, avec toute la méthodologie et les bonnes pratiques à adopter selon les cas.

Chapitre 2 : Mon parcours personnel en tant qu'investisseur

Mon initiation à l'investissement remonte à une vingtaine d'années, lorsque j'ai eu la chance d'hériter d'un petit pécule familial. Désireux de faire fructifier cet argent plutôt que de le laisser dormir sur un livret, j'ai rapidement été confronté à tout un univers qui m'était alors totalement étranger : les marchés financiers.

Je me souviens encore de mes premiers pas hésitants en Bourse, de cet entremêlement de codes boursiers et de cours en temps réel qui m'apparaissaient aussi complexes qu'ésotériques. Heureusement, plutôt que de me lancer tête baissée dans des placements risqués, ma nature prudente m'a poussé à multiplier les lectures pour assimiler les bases techniques, fiscales et comportementales indispensables.

Armé de ces nouveaux savoirs, j'ai débuté par de modestes positions en actions françaises, diversifiées progressivement sur les marchés européens puis internationaux. Les premiers mois furent une véritable montagne russe émotionnelle, entre espoirs de rendements exceptionnels et craintes de pertes abyssales à chaque mouvement de marché. J'apprenais à la dure à dompter mes émotions pour rester maître de ma stratégie.

Petit à petit, à force de persévérance et d'analyses toujours plus poussées, ma connaissance des marchés actions et obligataires s'est étoffée. J'ai alors commencé à dégager des rendements intéressants, même si quelques revers parfois cuisants m'ont rappelé l'omniprésence des risques dans ce domaine.

Au fil du temps, j'ai diversifié mes investissements vers l'immobilier locatif, piste patrimoniale dont je suis rapidement devenu un fervent adepte. La possibilité de se constituer un patrimoine concret et génératrice de revenus pérennes a grandement séduit mon profil plutôt prudent. Malgré l'immobilisation de capitaux importante requise, je n'ai eu de cesse d'enrichir mon parc locatif pour me préparer une retraite sereine.

Aujourd'hui, alors que j'entre dans la dernière ligne droite de ma vie active, je peux me targuer d'un patrimoine solide et diversifié, fruit de plusieurs décennies d'investissements réfléchis et méthodiques. Bien que le chemin ait été parsemé d'embûches, je n'ai aucun regret sur les choix opérés. Mon seul véritable regret serait peut-être de ne pas m'être lancé plus tôt dans cette captivante quête de valorisation patrimoniale.

C'est donc un condensé de toutes ces années d'expérience, entre réussites, faux pas et leçons approfondies, que je me propose de partager avec vous dans ce chapitre introspectif. J'espère que mon témoignage sincère et concret vous permettra, à vous qui vous apprêtez à démarrer ou poursuivre votre propre aventure, d'éviter certains pièges classiques et d'aborder cette voie exigeante mais ô combien enrichissante avec sérénité et ambition.

1. Mes premières expériences avec l'investissement

Comme évoqué précédemment, mes premiers pas dans l'univers de l'investissement remontent à une vingtaine d'années. À l'époque, jeune cadre dans une entreprise de services, j'avais hérité de petites économies suite au décès d'un membre de ma famille proche. Bien que modeste, cette somme représentait tout de même l'équivalent de plusieurs années d'épargne pour moi. Je me suis donc rapidement posé la question de la faire fructifier intelligemment plutôt que de la laisser dormir sur un compte sans intérêt.

Après quelques discussions avec mon conseiller bancaire, la voie des marchés financiers s'est vite imposée comme la solution la plus adaptée pour valoriser mon capital sur le long terme. J'ai donc ouvert un Compte-Titre, produit encore peu répandu à l'époque, pour pouvoir accéder aux Bourses mondiales.

Je me revois encore feuilletant les énormes listings boursiers avec leurs interminables codes d'actions et obligations à l'aspect totalement abscons pour le néophyte que j'étais. Je passais des heures à décrypter les multiples informations techniques et financières, bien décidé à opérer mes choix d'investissement en connaissance de cause.

Mes premiers pas ont été timides, centrés principalement sur quelques grandes valeurs du CAC 40 que je pensais "solides". Je déteste l'avouer, mais mon attrait initial pour certaines entreprises tenait parfois plus du prestige de leur nom que d'une réelle analyse fondamentale. Heureusement, ma prudence naturelle m'a poussé à engager des montants plutôt modestes sur ces positions de débutant.

Les premiers mois ont été une véritable découverte, presque une renaissance émotionnelle. Chaque matin en ouvrant les cours, j'avais la désagréable impression que mon estomac faisait des montagnes russes. La moindre baisse m'angoissait, cristallisant mes craintes de tout perdre. À l'inverse, chaque hausse, aussi petite soit-elle, me transportait dans un état d'euphorie injustifiée, comme si la fortune était à portée de main.

Je réalisais à mes dépens qu'investir en Bourse ne relevait pas tant de la technique pure mais imposait aussi un contrôle permanent de ses émotions. Il me fallait absolument dompter cette alternance haletante d'espoir et de panique pour éviter les décisions hâtives et demeurer maître de ma stratégie.

Avec le temps et l'expérience, j'ai peu à peu appris à apprivoiser mes sentiments pour les canaliser de façon plus sereine et rationnelle. L'analyse froide des fondamentaux économiques et financiers des entreprises est devenue ma boussole, supplantant progressivement les affects du début.

Mes connaissances des différents marchés, produits dérivés et réglementations se sont aussi considérablement étoffées, faisant de moi un investisseur de plus en plus aguerri. J'ai alors pu élargir progressivement mes positions, en diversifiant mon portefeuille sur les places européennes et internationales.

Bien que cette période de formation ait été riche en rebondissements et émotions intenses, parfois positives mais souvent très éprouvantes aussi, je ne regrette absolument rien. Toutes ces leçons empiriques ont été capitales pour asseoir progressivement mon expérience d'investisseur et poser les bases solides de mes stratégies actuelles. Les revers ponctuels et prises de risques inconsidérées de mes débuts ont façonné la philosophie d'investissement équilibrée et prudente qui est la mienne aujourd'hui.

2. Les erreurs que j'ai commises et les leçons apprises

Si mon parcours d'investisseur s'est finalement avéré plutôt fructueux sur le long terme, je ne peux évidemment pas prétendre avoir évité toutes les erreurs, loin s'en faut. Durant ces premières années d'apprentissage par l'expérience, j'ai à de nombreuses reprises été rattrapé par certains travers classiques du néophyte, au prix de quelques désillusions parfois douloureuses.

La première de ces erreurs fut certainement un excès de confiance lors de mes débuts. Galvanisé par mes premiers succès, mes premiers petits gains sur certains dossiers bien choisis, je me suis vite senti pousser des ailes et ai commencé à prendre des risques de plus en plus inconsidérés. J'ai alors multiplié les positions risquées, principalement sur des petites capitalisations aux perspectives alléchantes mais finalement trop incertaines.

Après quelques revers cuisants liés à des faillites d'entreprises ou des krachs boursiers, j'ai compris à mes dépens l'importance de conserver en toutes circonstances une approche humble et prudente. Le gain rapide ne doit jamais être l'obsession de l'investisseur avisé, au risque de l'aveugler sur les dangers inhérents aux marchés financiers.

Mon avidité m'a également conduit à une autre faute de débutant : le sur engagement. Cédant à mes ardeurs spéculatives, j'ai parfois placé des sommes bien trop importantes sur des positions à fort potentiel, mais aussi à risque démultiplié. Que de nuits blanches suite à des chutes violentes de certains titres où ma mise initiale était devenue excessive au regard de mon patrimoine global. J'ai alors mesuré combien le surinvestissement sur un secteur ou une entreprise spécifique peut exposer dangereusement son capital et hypothéquer toute une stratégie d'investissement.

Le manque d'analyse et de remise en question représente une autre lacune majeure de ma période de "jeunesse" boursière. Trop souvent, je suis resté persuadé de la solidité de certaines positions alors que des signaux défavorables auraient dû m'alerter bien avant. Par paresse intellectuelle ou aveuglement passager, j'ai fait l'impasse sur des études de valorisation poussées qui m'auraient permis d'anticiper certaines contre-performances. Ne pas remettre constamment en cause ses convictions constitue un travers à bannir pour l'investisseur chevronné.

Enfin, dernier reproche que je peux me faire concernant ces années de formation : une tendance certaine à me laisser emporter par les mouvements d'humeur généraux des marchés. En phase haussière, j'ai souvent péché par excès d'optimisme en suivant aveuglément les hausses de manière trop procyclique. À l'inverse, j'ai parfois cédé aux vents de panique en bradant trop vite des positions de qualité lors des crises. Agir dans la précipitation et suivre le troupeau sans discernement restent des écueils majeurs à éviter absolument pour préserver la sérénité et la rationalité nécessaires à tout investissement réfléchi.

Au final, malgré ces multiples erreurs et travers qui ont rythmé mon parcours débutant, je ne regrette absolument rien. Bien au contraire, chacune de ces leçons semées d'embûches fut pour moi une expérience formatrice fondamentale. C'est en les assimilant progressivement que j'ai pu construire au fil du temps ma propre philosophie, faite de prudence, d'humilité mais aussi d'ambition mesurée sur le long terme.

Sans ces premiers égarements et remises en question douloureuses mais salvatrices, je n'aurais certainement jamais pu atteindre la maturité et l'équilibre qui caractérisent aujourd'hui ma gestion patrimoniale. Voilà pourquoi je considère que ces erreurs initiales, aussi regrettables furent-elles sur le moment, constituent en définitive les jalons indispensables de ma réussite actuelle d'investisseur chevronné.

3. Comment j'ai développé ma stratégie d'investissement

Après avoir essuyé les premières désillusions inhérentes à mes erreurs de jeunesse, décrites précédemment, je me suis attelé avec méthode et persévérance à construire une véritable stratégie d'investissement digne de ce nom. Une approche réfléchie, équilibrée et responsable, loin des foucades spéculatives de mes débuts.

Ma première décision fut d'instaurer une allocation d'actifs rigoureuse, en définissant des quotas maximums pour chaque classe d'investissement. Je me suis ainsi imposé de ne jamais exposer plus de 20% de mes avoirs en actions, quels que soient les mirages de gain à court terme. Le reste devait être obligatoirement réparti entre actifs obligataires, immobilier et produits sécurisés.

Cette diversification devenait la clé de voûte de ma nouvelle philosophie. En diluant mécaniquement les risques sur des supports variés et décorrélés, je m'assurais une bien meilleure résilience en cas de choc sur l'un des compartiments. Exit les errements spéculatifs qui m'avaient valu tant de sueurs froides par le passé.

Sur le plan actions, j'ai dès lors privilégié l'achat de grandes valeurs établies, au profil défensif et aux fondamentaux solides. Bien que les rendements soient mécaniquement moins élevés que sur les dossiers plus risqués, la quiétude offerte par ces blue chips (actions dont la réputation semble fiable et en excellente santé financière) est vite apparue inestimable pour mon équilibre mental d'investisseur.

En parallèle, je me suis constitué un matelas obligataire confortable, axé principalement sur de la dette souveraine et des signatures financières de premier rang. L'objectif était de disposer d'un robuste portefeuille de valorisation régulière, pour assurer un complément de revenus récurrents.

Mais la principale inflexion décisive dans ma stratégie fut très certainement mon intérêt croissant pour l'immobilier locatif. Après quelques premières acquisitions réussies de biens locatifs, j'ai rapidement compris les immenses vertus patrimoniales de cette classe d'actifs. Avec un rendement pérenne garanti par les loyers et une valorisation tendancielle sur le très long terme, l'immobilier résidentiel est vite apparu comme un placement de choix pour préparer sereinement ma retraite. Malgré les capitaux initiaux importants à réunir, j'ai dès lors fait de ce support concret et tangible le fer de lance de mes ambitions d'investisseur établi.

En parallèle de ces évolutions stratégiques majeures, j'ai poursuivi un travail d'analyse constamment plus poussé sur les différents marchés et acteurs économiques. Le recours régulier à des experts-comptables, avocats fiscalistes ou économistes aguerris m'a permis d'asseoir mes décisions avec une vision de plus en plus globale et documentée. Mon approche s'est considérablement professionnalisée pour devenir pleinement rationnelle et dépassionnée.

J'ai également pris l'habitude d'établir systématiquement pour chaque année un budget prévisionnel détaillé, avec objectifs de rendements cibles par classe d'actifs. Un moyen efficace d'insuffler davantage de rigueur et d'anticipation dans mon processus d'investissement.

Enfin, dernier apprentissage clé de cette période charnière : la maitrise du « cout d'opportunité » et du contrôle strict des frais pour optimiser mes performances nettes. Que ce soit par la négociation renforcée avec intermédiaires financiers et conseils ou le recours accru aux outils de courtage en ligne, j'ai fait baisser continuellement mes charges pour maximiser la rentabilité finale de mes placements.

Le chemin parcouru depuis mes premiers pas d'investisseur débutant aura donc été riche en rebondissements, remises en question mais aussi et surtout en apprentissages précieux.

Bien que les débuts aient été émaillés d'erreurs typiques du néophyte, entre prise de risques excessive, engagements imprudents ou suivisme aveugle avec les mouvements de marchés, ces expériences formatrices se sont avérées indispensables pour forger ma véritable philosophie d'investissement.

C'est en essuyant les premières déconvenues et leçons parfois douloureuses de mes foucades spéculatives que j'ai pu progressivement asseoir une approche patrimoniale bien plus mûre et raisonnée. L'instauration de principes forts comme l'allocation stratégique rigoureuse entre classes d'actifs, la prédominance des financements défensifs ou le choix de l'immobilier locatif comme fer de lance sont autant de révolutions structurantes qui ont permis de solidifier ma stratégie.

Au fil du temps et des crises, le travail d'analyse s'est fait toujours plus poussé et méthodique pour devenir pleinement rationnel et dépassionné. L'appui sur des experts et conseillers reconnus ainsi que la maîtrise renforcée des coûts sont venues parachever une démarche désormais très professionnalisée.

Grâce à ce parcours riche en expériences tout autant qu'en renoncements, j'ai désormais les moyens d'envisager l'avenir avec confiance et certitudes. Je n'ai certes plus les mêmes fourmis dans les jambes à chaque ouverture de marché, mais cette sagesse chèrement acquise me permet aujourd'hui de savourer pleinement les fruits de ces efforts et sacrifices consentis.

Au terme de ces années de progression, j'avais posé les bases solides d'une stratégie d'investissement durable, aux antipodes de mes frasques spéculatives initiales. Une approche patrimoniale bien plus ambitieuse certes, mais aussi infiniment plus responsable et sereine, comme je l'espérais depuis le début. Désormais, j'avais les armes pour aller de l'avant et poser les jalons d'un avenir confortable, à l'abri des foucades émotionnelles d'antan.

Chapitre 3 : Les principes clés de l'investissement

Investir de manière performante et durable sur les marchés financiers ou immobiliers requiert bien plus que de simples connaissances techniques. Au-delà des stratégies, produits et réglementations à maîtriser, ce sont avant tout des principes fondamentaux qui doivent guider l'investisseur avisé tout au long de son parcours.

Des règles de base éprouvées, résultant de décennies d'expérience cumulées par les plus grands spécialistes du secteur, sont en effet indispensables pour développer une approche patrimoniale réfléchie et responsable. Sans le respect de ces préceptes établis, tout investisseur, même le mieux informé, s'expose à d'importants risques de revers et désillusions.

Car au-delà de l'appât du gain et des perspectives de valorisation future, investir représente un défi constant imposant rigueur, discernement et maîtrise de ses émotions. Les marchés sont imprévisibles par nature et soumis à de multiples aléas, qu'ils soient d'ordre économique, géopolitique ou purement spéculatifs. Seule une approche rationnelle, disciplinée et humble permet réellement de tirer son épingle du jeu sur la durée.

C'est précisément pour aider les investisseurs, débutants comme confirmés, à définir un cadre pérenne que ce chapitre dresse l'inventaire des grands principes incontournables du métier. Des règles d'or élémentaires pour certaines, qui peuvent pourtant sauver de bien des déboires lorsqu'elles sont scrupuleusement appliquées. D'autres plus complexes nécessitant analyse et remise en question régulière. Mais dans tous les cas, un socle doctrinal robuste sur lequel doit s'appuyer toute stratégie d'investissement ambitieuse et durable.

Des règles simples comme la diversification des actifs, l'établissement d'une allocation stratégique stricte ou la priorisation des investissements défensifs seront ainsi détaillées et argumentées. Mais aussi des préceptes plus exigeants tels que la valorisation rationnelle, la gestion des biais comportementaux ou la recherche de rendements récurrents. Autant de jalons indispensables à l'édification d'une véritable philosophie d'investisseur responsable, à l'abri des foucades spéculatives et des dérives émotionnelles.

Car s'il n'existe évidemment aucune martingale ni recette miracle en la matière, le respect de ces grands principes établis constitue la rampe de lancement idéale pour construire une politique d'investissement cohérente et pérenne. La garantie de déployer ses capitaux en toute sérénité, avec un juste équilibre entre ambitions de valorisation et maîtrise des risques inhérents aux aléas économiques.

Qu'il soit en phase de constitution initiale de son patrimoine ou bien en gestion de celui-ci, tout investisseur, quel que soit son niveau d'expérience, gagnera donc à s'approprier ces fondamentaux avant toute décision engageante. Une étape décisive pour asseoir son processus décisionnel sur des bases solides et responsables, gage de succès sur le très long terme.

1. L'importance de la diversification

La diversification représente indubitablement l'un des principes cardinaux sur lesquels doit s'appuyer toute stratégie d'investissement durable et réfléchie. Un précepte clé dont l'importance ne saurait être négligée, tant ses bénéfices en termes de réduction des risques et de lissage des performances sont avérés.

En optant pour une répartition équilibrée de ses capitaux sur différentes classes d'actifs décorrélées (actions, obligations, immobilier, etc.), tout investisseur s'assure en effet une protection significative contre les risques inhérents à chacune de ces catégories. Un choc brutal sur l'un des compartiments pourra ainsi être naturellement amorti par la stabilité voire la hausse des autres. C'est ce qu'on appelle l'effet de diversification.

Cette mutualisation des risques entre actifs distincts et indépendants permet donc mécaniquement de faire baisser la volatilité d'ensemble du portefeuille. Autrement dit, la diversification lisse efficacement les variations extrêmes pour obtenir un profil de rendement plus constant et sécurisé dans la durée. Idéal pour l'investisseur soucieux de préparer sereinement son avenir sans stress inconsidéré.

Mais au-delà de cet indéniable bénéfice en termes de stabilité, la diversification apporte également d'autres avantages essentiels. En diluant ses capitaux sur différents types de véhicules et de zones économiques, l'investisseur s'expose à une pluralité de cycles et de dynamiques distinctes. Une stratégie gagnante pour capter une multiplicité d'opportunités à la hausse mais aussi à la baisse selon les rotations de marchés.

Opter pour une allocation diversifiée constitue également un excellent moyen de profiter de la complémentarité intrinsèque des classes d'actifs. Certaines positions plus défensives pourront ainsi venir compenser naturellement la volatilité accrue d'autres segments plus risqués mais également plus porteurs. Un juste équilibre entre prudence et ambition, reflet parfait de la philosophie d'investissement raisonnée et responsable.

L'immobilier locatif offre par exemple un profil de rendement récurrent idéal pour lisser la partie patrimoniale d'un investisseur, pendant que la composante actions vise une appréciation en capital sur le long terme. Le tout contrebalancé par une poche obligataire défensive visant quant à elle à préserver le capital d'origine.

Mais au-delà de ce triptyque actions/obligation/immobilier, la diversification s'entend également en termes géographiques et sectoriels. Une dispersion judicieuse sur différentes zones économiques régionales et pays d'une part, mais aussi entre filières d'activités variées d'autre part, apporte en effet une excellente mutualisation des risques et opportunités.

Miser sur un unique secteur ou zone revient en effet à se soumettre totalement à l'aléa économique spécifique pesant sur cette région ou cette industrie. Un risque majeur dont seule une réelle diversification mondiale et multisectorielle peut prémunir sur le long terme.

Enfin, dernière raison de ne pas négliger ce principe stratégique de diversification : les considérations fiscales et juridiques. Selon les réglementations en vigueur, la détention d'actifs dans des pays ou compartiments différents peut permettre d'optimiser significativement la charge fiscale ou d'accéder à certains avantages réglementaires. Autant de leviers importants pour maximiser la rentabilité finale des capitaux investis.

Au final, qu'il s'agisse d'optimisation des risques, de lissage des performances, de captation d'opportunités multiples ou de considérations législatives, la diversification des investissements apparaît donc comme la pierre angulaire de toute stratégie solide et ambitieuse. Le non-respect de ce principe cardinal exposerait inévitablement tout investisseur aux aléas injustifiés de la concentration sur un seul type d'actif ou secteur. Un écueil majeur qu'il convient absolument d'éviter pour espérer bâtir durablement son patrimoine en toute sérénité.

2. La gestion des risques

Inhérente à tout processus d'investissement, la prise de risques représente un défi constant qu'il est indispensable d'apprendre à maîtriser. Car si une certaine dose d'audace est effectivement nécessaire pour espérer dégager des rendements supérieurs, une approche trop hasardeuse ou inconsciente s'avère inévitablement contre-productive sur le long terme.

La clé réside donc dans une gestion rationnelle et méthodique des risques, où chaque exposition est scrupuleusement analysée, quantifiée et encadrée dans des limites raisonnables. Une démarche indispensable pour maximiser les gains potentiels tout en préservant son capital initial des aléas injustifiés.

Cette gestion commence dès l'allocation stratégique des actifs, avec l'établissement de quotas définis par classe de risque. Les placements plus défensifs comme les obligations d'État ou les foncières constituent ainsi le socle sécurisé d'un bon portefeuille, sur lequel viennent se greffer des expositions graduellement plus risquées mais aussi plus porteuses en théorie.

Une fois ce cadre général fixé, l'encadrement doit se poursuivre avec la définition de limites strictes sur chaque position spécifique. Plafonds d'engagement maximum, seuils d'entrée et de sortie prédéfinis, coussins de sécurité renforcés : autant de garde-fous techniques permettant de circonscrire les risques dans des bornes circonstanciées.

Mais cette dimension purement quantitative ne peut suffire. Une véritable démarche de gestion des risques se doit également d'intégrer de nombreux autres paramètres pour être pleinement efficace. Le niveau de liquidité des actifs concernés est par exemple un critère majeur à considérer. Investir dans des supports peu échangeables présente un risque de contre-valorisation important en cas de repli du marché.

J'ai pour ma part, appris à la dure l'importance de la gestion des risques, après avoir essuyé de lourdes pertes lors de mes premières années, suite à des prises de risques totalement inconsidérées et un manque criant d'analyse, j'ai dû revoir en profondeur mon approche. J'ai progressivement mis en place un cadre d'allocation stratégique strict, avec des quotas définis par classe d'actifs en fonction de leur profil risque/rendement. En parallèle, je me suis astreint à définir systématiquement des seuils d'entrée, de sortie et des plafonds d'exposition maximale sur chacun de mes investissements. Un travail d'étude approfondi des différents facteurs de risques pesant sur les dossiers visés est également devenu une étape incontournable avant tout engagement financier. Mais au-delà de ces process rationnels, j'ai surtout dû apprendre à maîtriser mes propres biais émotionnels, principal écueil de l'investisseur dans sa relation au risque. Conserver à tout instant un recul analytique et dépassionné sur mes positions est un défi permanent qui nécessite discipline et remise en cause constante. Seul ce triptyque vertueux combinant process rigoureux et analyses fouillées m'a finalement permis de construire une véritable stratégie durable en adéquation avec mon profil de risque.

La compréhension fine des différents facteurs de risques inhérents à chaque classe d'actifs, qu'ils soient macroéconomiques, réglementaires ou opérationnels, est également primordiale. Un travail d'analyse permanent doit être mené pour identifier et anticiper au mieux ces aléas potentiels.

Enfin, l'impérieuse nécessité de se prémunir contre ses propres biais émotionnels et cognitifs, si tant est que cela soit possible, constitue une des dimensions les plus ardues mais ô combien cruciales dans la gestion des risques.

Étant donné que les pièges psychologiques demeurent le principal écueil des investisseurs dans leur rapport au risque : illusion de contrôle, aversion aux pertes, biais d'ancrage ou encore effet de cadrage peuvent conduire aux décisions les plus inconsidérées si on n'y prend garde.

Conserver en toutes circonstances un recul analytique et dépassionné sur ses positions représente donc un défi de chaque instant, nécessitant rigueur et continuelle remise en question. Seuls le contrôle permanent de ses émotions et l'entretien d'une lucidité de tous les instants peuvent permettre de prendre les risques qui se justifient tout en évitant les errements inconsidérés.

Au final, gérer de manière optimale les inévitables risques liés à l'investissement requiert donc une association subtile de processus techniques, d'analyses méthodiques et d'un indispensable travail sur soi. Une combinaison vertueuse indispensable à la construction d'une véritable stratégie patrimoniale durable et de long terme.

Car s'il est assurément impossible de les éliminer totalement, les risques peuvent néanmoins être réduits et contrôlés de manière très fine par un investisseur véritablement aguerri. À condition, encore une fois, de s'en donner les moyens techniques, intellectuels mais aussi mentaux au quotidien et sur un temps long.

3. L'horizon temporel et la patience

Pour tout investisseur, la notion de temps revêt une importance capitale. Car au-delà des stratégies mises en œuvre et de la pertinence des analyses effectuées, c'est bien sur un horizon longue durée que se construit véritablement une politique d'investissement durable et performante.

S'astreindre à la patience et savoir adopter un regard de très long terme représente en effet un atout majeur, mais également un défi de tous les instants dans un monde régi par l'immédiateté et la réactivité. C'est pourtant cette vision dans la durée qui permet réellement de se prémunir contre les aspérités et aléas ponctuels pour mieux capter les grandes tendances lourdes et opportunités pérennes.

À titre personnel, je peux témoigner des dérives

émotionnelles et des errances spéculatives auxquelles m'ont conduit mes premières années d'investissement marquées par une fâcheuse impatience et un empressement à vouloir tout miser sur les gains à très court terme. Un parcours d'apprentissage chaotique qui m'a contraint à réajuster profondément mon approche.

Qu'il s'agisse de participations sur les marchés financiers ou immobiliers, le temps est en effet un allié incontournable qu'il convient d'apprendre à apprivoiser. Sur la sphère boursière notamment, l'adoption d'un horizon de placement très long permet de lisser efficacement les aléas de la volatilité pour n'en retenir que la trajectoire sous-jacente de création de valeur d'une entreprise ou d'un secteur.

Un raisonnement également valable en immobilier, où les cycles économiques, démographiques et urbanistiques nécessitent eux aussi une vision sur plusieurs années pour être pleinement appréhendés et exploités. Tout comme la pierre de construction se patine dans la durée, c'est bien sur le très long cours que se bâtissent les plus belles plus-values patrimoniales.

Mais au-delà du seul rendement arithmétique, la capacité de patience et de tenir dans la durée offre d'autres bénéfices essentiels à l'investisseur avisé. En dégageant son raisonnement des émotions à court terme, il acquiert notamment la sérénité d'esprit indispensable à une prise de décision lucide et rationnelle.

Une attitude humble mais ambitieuse le prémunit également contre les travers de la précipitation et des faux "coups" spéculatifs qui minent tant de parcours. La vision de long terme invite à la rigueur, à l'analyse patiente et à l'accumulation progressive de conviction pour décider du bon engagement.

Cette sagesse temporelle lui permet enfin de dédramatiser l'impact des revers ponctuels et des à-coups, inhérents à toute activité d'investissement. Là où d'autres pourraient céder à la panique, il conserve son sang-froid en gardant son cap, fort de sa connaissance des cycles économiques et de la résilience de ses positions sur une plus grande échelle de temps.

Car investir de manière responsable et durable, c'est aussi et surtout accepter avec philosophie que chaque trajectoire comporte nécessairement des phases de remise en question et d'adversité passagères. Seule la vision de très long terme permet d'appréhender avec sagesse ces inévitables turbulences, en les replaçant dans le continuum naturel des cycles observés historiquement.

Exercice de discipline et d'humilité permanent, le respect de cette dimension temporelle apparaît donc comme un incontournable pour espérer bâtir dans la durée un patrimoine solide et ambitieux. Un défi de chaque instant pour tout investisseur rationnel, qui saura trouver son juste équilibre entre patience philosophique et volontarisme résolu.

Au final, s'investir de manière durable et responsable dans la constitution d'un patrimoine requiert bien plus que la simple connaissance de produits financiers ou immobiliers. Au-delà des dimensions techniques et réglementaires à maîtriser, c'est avant tout l'assimilation profonde de grands principes fondamentaux qui s'avère indispensable pour réussir sur le très long terme.

Loin d'une science stricte et immuable, l'investissement reste cependant un exercice d'équilibriste permanent, où ces différents préceptes doivent sans cesse être remis en perspective au gré des évolutions de marchés. Un apprentissage de tous les instants, un défi renouvelé à chaque décision pour trouver la juste combinaison entre prudence et ambition.

Mais s'astreindre à cette démarche et cette rigueur constitue la clé de voûte pour espérer bâtir sereinement son patrimoine dans la durée. Une condition sine qua non pour appréhender avec la sagesse et le recul nécessaires cette activité à la fois exigeante et épanouissante entre toutes.

Chapitre 4 : Les différentes classes d'actifs

Le monde de l'investissement offre une gamme diversifiée de classes d'actifs permettant aux investisseurs de construire des portefeuilles adaptés à leurs objectifs et leur tolérance au risque. Les actions représentent une participation dans le capital d'entreprises, offrant un potentiel de croissance mais aussi un risque plus élevé. Les obligations, en revanche, sont des titres de créance qui fournissent un revenu fixe et sont généralement considérées comme plus stables. Les fonds communs de placement permettent aux investisseurs d'accéder à des portefeuilles diversifiés d'actions, d'obligations ou d'autres actifs gérés par des professionnels. D'autres classes d'actifs populaires incluent les biens immobiliers, les matières premières et les instruments dérivés, chacune ayant ses propres caractéristiques de risque et de rendement.

1. **Les actions**

Tout d'abord, les actions représentent une classe d'actifs essentielle dans la sphère financière. Lorsqu'un investisseur achète des actions, il devient effectivement propriétaire d'une partie de l'entreprise émettrice. Cette participation au capital lui confère alors des droits, notamment celui de recevoir des dividendes si l'entreprise décide d'en verser, ainsi que de voter lors des assemblées générales des actionnaires.

Leur principal attrait réside dans leur potentiel de croissance à long terme. Historiquement, les investissements en actions ont généré des rendements supérieurs à d'autres classes d'actifs sur des périodes prolongées. Cependant, cette perspective de gains plus élevés s'accompagne également d'un risque plus important. La valeur des actions peut fluctuer considérablement en fonction de divers facteurs, tels que les performances de l'entreprise, les conditions économiques générales et les événements spécifiques à un secteur d'activité.

Les investisseurs peuvent choisir d'investir dans des actions individuelles ou opter pour des fonds communs de placement actions, offrant une diversification instantanée du portefeuille. Une analyse approfondie des fondamentaux de l'entreprise, de ses perspectives de croissance et de sa valorisation est indispensable pour prendre des décisions éclairées.

Il existe différents styles d'investissement en actions, comme l'investissement en actions de croissance, à la recherche d'entreprises affichant une forte expansion des bénéfices, ou en actions de valeur, ciblant des titres sous-évalués par rapport à leur valeur intrinsèque. L'allocation en actions dans un portefeuille dépend généralement des objectifs, de l'horizon et de la tolérance au risque de l'investisseur.

2. Les obligations

Une obligation est essentiellement un emprunt qu'un État, une municipalité ou une entreprise contracte auprès des investisseurs. En échange du capital prêté, l'émetteur s'engage à verser des intérêts périodiques (communément appelés "coupons") et à rembourser le montant initial à une date d'échéance prédéfinie.

Les obligations sont généralement considérées comme des investissements plus sûrs que les actions, car les investisseurs ont la priorité sur les actionnaires en cas de défaillance de l'émetteur. Cependant, la sécurité varie selon la qualité de crédit de l'émetteur, évaluée par des agences de notation. Les obligations d'État sont typiquement jugées comme les plus sûres, suivies par les obligations d'entreprises de haute qualité.

Le rendement des obligations est principalement déterminé par leur taux d'intérêt et leur durée à courir jusqu'à l'échéance. Les obligations à plus long terme offrent généralement des rendements plus élevés pour compenser le risque accru de fluctuations des taux d'intérêt. Les investisseurs peuvent choisir entre différents types d'obligations, telles que les obligations d'État, les obligations d'entreprises, les obligations municipales ou les obligations indexées sur l'inflation.

Les obligations jouent un rôle important dans la diversification des portefeuilles d'investissement. Elles peuvent atténuer la volatilité globale d'un portefeuille en offrant une source de revenus stable, tout en fournissant une protection contre les baisses du marché des actions. Les investisseurs les plus conservateurs ont tendance à accorder une part plus importante aux obligations dans leur allocation d'actifs.

3. Les matières premières

Les matières premières quant à elles, représentent une classe d'actifs distincte et attrayante pour les investisseurs cherchant à diversifier leur portefeuille. Elles englobent une large gamme de produits de base tels que les métaux précieux (or, argent), les métaux industriels (cuivre, aluminium), les produits énergétiques (pétrole, gaz naturel) et les produits agricoles (blé, maïs, café).

L'investissement dans les matières premières offre plusieurs avantages. Tout d'abord, elles peuvent agir comme une couverture contre l'inflation, car leurs prix ont tendance à augmenter dans un environnement inflationniste. De plus, les matières premières ont généralement une faible corrélation avec les autres classes d'actifs traditionnelles comme les actions et les obligations, ce qui peut contribuer à réduire la volatilité globale d'un portefeuille diversifié.

Celles-ci sont également associées à un niveau de risque plus élevé. Leurs prix peuvent être extrêmement volatils en raison de facteurs tels que l'offre et la demande, les conditions météorologiques, les perturbations géopolitiques et les cycles économiques. Un examen minutieux des facteurs fondamentaux régissant le marché ainsi que des orientations de fond à longue portée revêt un caractère primordial pour arrêter des choix d'investissement avisés. Les investisseurs peuvent accéder aux matières premières de différentes manières, notamment par l'achat physique des produits, le placement dans des fonds négociés en bourse (ETF) axés sur les matières premières, ou encore par le biais de contrats à terme et d'options sur ces produits. Chaque méthode comporte ses propres avantages et inconvénients en termes de coûts, de liquidité et de facilité de gestion.

L'allocation en matières premières dans un portefeuille dépend généralement des objectifs d'investissement, de l'horizon temporel et de la tolérance au risque de l'investisseur. Les investisseurs plus agressifs peuvent allouer une part plus importante aux matières premières, tandis que les investisseurs conservateurs peuvent préférer une exposition plus modérée.

4. L'immobilier

Enfin, cette catégorie plus connue, englobe divers types de biens, allant des résidences unifamiliales aux immeubles commerciaux en passant par les propriétés industrielles et les terrains. L'attrait de l'immobilier réside dans son potentiel de générer des revenus locatifs réguliers ainsi que des gains en capital à long terme.

L'un des principaux avantages du financement immobilier est qu'il offre une diversification supplémentaire par rapport aux investissements traditionnels tels que les actions et les obligations. De plus, les biens immobiliers peuvent agir comme une couverture partielle contre l'inflation, car les loyers ont tendance à augmenter avec le temps.

Ne pas oublier que cet investissement comporte également des risques et des défis spécifiques. Les coûts d'acquisition, d'entretien et de gestion des propriétés peuvent être élevés. Les investisseurs doivent également prendre en compte les risques liés à la vacance, aux litiges avec les locataires et aux fluctuations du marché immobilier local.

Il existe différentes stratégies d'investissement immobilier, chacune avec ses propres caractéristiques. L'investissement direct consiste à acheter et à détenir des propriétés physiques, tandis que les investissements indirects se font par le biais de véhicules tels que les fonds immobiliers, les fiducies de placement immobilier (FPI) ou les actions de sociétés immobilières.

L'immobilier résidentiel, comme les maisons unifamiliales et les immeubles locatifs, est souvent considéré comme une option plus accessible pour les investisseurs individuels. En revanche, l'immobilier commercial, industriel et de bureaux nécessite généralement des capitaux plus importants et une expertise plus poussée.

Quelle que soit la stratégie choisie, une étude approfondie du marché local, une analyse rigoureuse des flux de trésorerie et une gestion prudente des risques sont essentielles pour réussir dans l'investissement immobilier. Cette classe d'actifs peut offrir des rendements intéressants sur le long terme, mais elle nécessite également un engagement important en temps et en ressources.

En définitive, le monde de l'investissement offre une diversité de classes d'actifs, chacune présentant ses propres caractéristiques, risques et potentiels de rendement. Des actions aux obligations, en passant par les matières premières, l'immobilier et d'autres alternatives, les investisseurs ont la possibilité de construire des portefeuilles diversifiés adaptés à leurs objectifs et leur tolérance au risque. Une allocation judicieuse entre ces différentes classes d'actifs peut permettre de maximiser les rendements tout en atténuant la volatilité globale du portefeuille. Cependant, il est crucial de bien comprendre les forces et les faiblesses de chaque classe d'actifs, ainsi que de procéder à une analyse approfondie avant de prendre toute forme de décisions.

Chapitre 5 : Les outils et plateformes d'investissement

De nos jours, les investisseurs ont accès à une large gamme d'outils et de plateformes qui facilitent le processus d'investissement. Des courtiers en ligne aux applications mobiles en passant par les plateformes de trading automatisé, les options sont multiples pour effectuer des transactions, suivre les performances des portefeuilles et accéder à une mine d'informations sur les marchés financiers. Ces outils permettent aux investisseurs individuels de prendre en main leurs décisions d'investissement, tout en bénéficiant de fonctionnalités avancées telles que l'analyse technique, la recherche fondamentale et la gestion des risques. Parallèlement, les conseillers financiers disposent également de ressources sophistiquées pour construire et gérer des portefeuilles sur mesure pour leurs clients. Cette évolution technologique a considérablement démocratisé l'accès aux marchés financiers et offre désormais aux investisseurs les moyens de se forger une stratégie adaptée à leurs besoins spécifiques.

1. Les courtiers en ligne

Les courtiers en ligne ont révolutionné le monde de l'investissement en offrant aux investisseurs particuliers un accès direct aux marchés financiers depuis leur ordinateur ou leur appareil mobile. Ces plateformes en ligne permettent d'effectuer des transactions sur différentes classes d'actifs telles que les actions, les obligations, les fonds communs de placement et même les produits dérivés.

Les courtiers en ligne se caractérisent par leurs frais

généralement plus bas que les courtiers traditionnels. De plus, ils offrent une gamme d'outils et de ressources éducatives pour aider les investisseurs à prendre des décisions éclairées. Les investisseurs peuvent bénéficier d'analyses techniques et fondamentales, de données en temps réel sur les marchés, ainsi que de fonctionnalités de suivi et de gestion des portefeuilles.

Il est important de souligner que les courtiers en ligne transfèrent une grande responsabilité aux investisseurs individuels. Ces derniers doivent être en mesure d'effectuer leurs propres recherches, d'analyser les risques et de prendre des décisions d'investissement de manière autonome, sans le soutien direct d'un conseiller financier.

Lorsque j'ai commencé à m'intéresser à l'investissement, l'idée d'ouvrir un compte auprès d'un courtier en ligne me semblait à la fois excitante et intimidante. Après avoir exploré les différentes options, je me suis inscrit sur une plateforme réputée, attiré par sa convivialité et ses frais compétitifs. Bien que les premiers pas aient été laborieux, je me suis plongée dans les ressources éducatives proposées, déterminé à acquérir les connaissances nécessaires. Au fil du temps, j'ai développé une compréhension plus approfondie des stratégies et des outils d'analyse. Le courtier en ligne est devenu mon compagnon indispensable, me permettant de suivre l'évolution de mon portefeuille en temps réel et de réaliser des transactions avec une grande flexibilité. Cette expérience m'a non seulement permis de prendre en main mes finances, mais aussi de développer une véritable passion pour l'investissement.

2. Les fonds d'investissement

Les fonds d'investissement, représentent une solution pratique et accessible pour les investisseurs souhaitant bénéficier d'une gestion professionnelle de leurs actifs. Ces véhicules d'investissement regroupent les capitaux de nombreux investisseurs individuels et les investissent dans un portefeuille diversifié d'actions, d'obligations ou d'autres instruments financiers, selon la stratégie et les objectifs du fonds.

L'un de leurs principaux avantages réside dans la diversification instantanée qu'ils offrent. En détenant une partie d'un portefeuille déjà diversifié, les investisseurs peuvent réduire leur exposition au risque spécifique lié à un seul titre ou un seul secteur. De plus, la gestion active des fonds par des professionnels qualifiés peut s'avérer précieuse, notamment pour les investisseurs disposant de peu de temps ou de connaissances approfondies sur les marchés financiers.

A noter que les frais associés aux fonds d'investissement peuvent être plus élevés que ceux des investissements directs, car ils incluent les coûts de gestion et d'administration. Les investisseurs doivent donc soigneusement évaluer le rapport coûts-avantages avant de choisir un fonds particulier.

Au début, j'étais quelque peu réticent à l'idée de confier la gestion de mon argent à des tiers. Cependant, après avoir étudié attentivement les options disponibles et consulté un conseiller financier, j'ai décidé d'investir dans un fonds commun de placement équilibré. Cette décision m'a permis de bénéficier d'une diversification immédiate et de la gestion experte d'un portefeuille adapté à mon profil de risque. Au fil du temps, j'ai pu apprécier la commodité de cette solution, tout en suivant régulièrement les performances du fonds. Cette expérience m'a convaincu de l'importance de combiner différentes approches de financement pour atteindre mes objectifs financiers à long terme.

Les fonds d'investissement offrent une alternative intéressante aux investissements directs, en particulier pour les investisseurs débutants ou ceux disposant de peu de temps à consacrer à la gestion active de leur portefeuille. Toutefois, il est primordial de bien comprendre les frais associés et de choisir des fonds alignés sur vos objectifs spécifiques.

3. Les robots-conseillers

Les robots-conseillers, également appelés "conseillers numériques", représentent une innovation récente dans le monde de l'investissement. Ces plateformes entièrement automatisées utilisent des algorithmes sophistiqués pour créer et gérer des portefeuilles de placement personnalisés en fonction du profil de risque, des objectifs et de l'horizon d'investissement de chaque client.

Grâce à une interface conviviale et des frais généralement inférieurs à ceux des conseillers humains, ils permettent aux investisseurs de tous horizons d'accéder à des services de gestion de portefeuille auparavant réservés aux clients fortunés. De plus, les robots-conseillers offrent une approche rationalisée, éliminant les biais émotionnels qui peuvent parfois affecter les décisions humaines.

Ces outils numériques reposent sur des modèles

mathématiques et des hypothèses prédéfinies. Bien qu'ils soient conçus pour s'adapter aux conditions de marché changeantes, ils peuvent ne pas être en mesure de prendre en compte certains facteurs imprévisibles ou uniques à chaque investisseur.

Je ne me suis tourné vers eux qu'après avoir lutté durant une bonne partie de mon parcours pour gérer de manière efficace mon propre portefeuille d'investissement. Après avoir rempli un questionnaire détaillé sur mes objectifs et ma tolérance au risque, le robot-conseiller a créé un portefeuille diversifié adapté à mon profil. Me permettant de suivre facilement les performances de mon portefeuille et effectuer des ajustements si nécessaire, le tout depuis une application mobile conviviale. Cette expérience bien que tardive, m'a permis de gagner en confiance dans ma stratégie et de me concentrer sur d'autres aspects de ma vie, tout en laissant les décisions d'allocation d'actifs aux mains d'un système sophistiqué.

Les robots-conseillers représentent une solution prometteuse pour les investisseurs souhaitant bénéficier d'une gestion de portefeuille automatisée et abordable. Néanmoins, il s'agit de bien comprendre les limites de ces plateformes et de s'assurer qu'elles correspondent à vos besoins et préférences d'investissement.

4. Les plateformes de crowdfunding

Enfin, le crowdfunding, ou financement participatif, a émergé comme une nouvelle forme d'investissement permettant aux individus de soutenir directement des projets entrepreneuriaux prometteurs. Les plateformes de crowdfunding en ligne jouent un rôle central dans ce processus, en mettant en relation les entrepreneurs en quête de financement avec une communauté d'investisseurs potentiels.

Ces plateformes offrent différents types de crowdfunding, tels que le financement participatif en actions, en prêts ou en dons. Dans le cadre du financement participatif en actions, les investisseurs acquièrent une participation dans l'entreprise en échange de leur financement, avec l'espoir de réaliser des gains en capital à long terme. Le financement participatif en prêts, quant à lui, permet aux investisseurs de prêter de l'argent à des entreprises ou à des particuliers, en contrepartie d'intérêts.

L'avantage réside dans l'accès qu'il offre à des opportunités d'investissement autrefois réservées aux investisseurs institutionnels ou fortunés. Les investisseurs individuels peuvent désormais soutenir des startups prometteuses dès leurs premiers stades de développement, diversifier leur portefeuille et potentiellement réaliser des rendements intéressants.

Pourtant, ces plateformes comportent également des risques élevés. De nombreux projets financés par cette voie peuvent échouer, entraînant une perte totale de l'investissement. Une diligence raisonnable approfondie est donc essentielle avant d'investir dans une campagne de crowdfunding.

Ma propre expérience avec le crowdfunding a commencé par un mélange de curiosité et d'enthousiasme. En tant qu'investisseur débutant, j'étais séduit par l'idée de soutenir directement des entrepreneurs innovants tout en diversifiant mon portefeuille. Après avoir exploré plusieurs plateformes, j'ai commencé par investir de petites sommes dans une poignée de campagnes qui correspondaient à mes intérêts et à mon appétit pour le risque. Bien que certains projets n'aient pas abouti, d'autres ont connu un succès remarquable, me permettant de réaliser des rendements impressionnants. Cette expérience m'a appris l'importance d'une recherche approfondie et d'une gestion rigoureuse des risques dans le cadre du crowdfunding, mais elle m'a également ouvert les yeux sur les opportunités passionnantes offertes par cette nouvelle forme d'investissement.

En somme, le paysage des outils et des plateformes d'investissement a considérablement évolué ces dernières années, offrant aux investisseurs particuliers une gamme d'options sans précédent. Des courtiers en ligne aux fonds communs de placement, en passant par les robots-conseillers et les plateformes de crowdfunding, les investisseurs disposent désormais d'un large éventail de solutions adaptées à leurs besoins, leurs objectifs et leur niveau d'expertise. Une approche prudente, associée à une recherche approfondie et à une gestion rigoureuse des risques, est la clé pour tirer le meilleur parti de ces nouvelles opportunités d'investissement. Ces outils novateurs ont démocratisé l'accès aux marchés financiers et offert aux investisseurs particuliers les moyens de prendre en main leur avenir financier de manière proactive et informée.

Chapitre 6 : Construire un portefeuille d'investissement

Que vous investissiez pour préparer votre retraite, financer les études de vos enfants ou générer des revenus complémentaires, une stratégie réfléchie est indispensable. La construction d'un portefeuille commence par une évaluation approfondie de votre profil d'investisseur, en tenant compte de votre tolérance au risque, de vos horizons de placement et de vos objectifs spécifiques.

Il s'agira par la suite, de diversifier vos investissements en répartissant votre capital entre différentes classes d'actifs telles que les actions, les obligations, les fonds communs de placement et éventuellement d'autres participations alternatives. Cette diversification permet de minimiser les risques et d'optimiser les rendements potentiels.

Un autre aspect clé est de maintenir un équilibre entre les placements offensifs à plus haut risque/rendement et les placements défensifs plus sûrs. Cet équilibre doit évoluer au fil du temps pour s'adapter à vos besoins changeants et à votre horizon de placement.

Au final, la construction d'un portefeuille efficace nécessite une gestion active, un suivi régulier et des ajustements périodiques en fonction des conditions du marché et de vos objectifs. Une approche rigoureuse et disciplinée est la clé pour maximiser vos chances de succès à long terme.

1. La répartition des actifs

Lorsque j'ai commencé à construire mon portefeuille

d'investissement, l'un des aspects les plus importants était de déterminer la bonne répartition des actifs. Cette étape majeure consiste à les répartir entre différentes classes d'actifs telles que les actions, les obligations, les fonds immobiliers et les liquidités.

La répartition idéale dépend de plusieurs facteurs, notamment votre âge, votre horizon de placement, vos objectifs financiers et votre tolérance au risque. Par exemple, un investisseur plus jeune avec un horizon de placement à long terme peut se permettre d'avoir une pondération plus élevée en actions, qui sont généralement plus risquées mais offrent un potentiel de rendement supérieur sur le long terme. En revanche, un investisseur approchant la retraite préférera généralement un portefeuille plus conservateur, avec une part plus importante en obligations et en liquidités.

Pour ma part, en tant qu'investisseur dans la quarantaine avec un horizon de 20 ans avant la retraite, j'ai opté pour une répartition équilibrée de 60% en actions et 40% en obligations et liquidités. Cette allocation m'a permis de profiter du potentiel de croissance des actions tout en atténuant les risques grâce à la composante obligataire.

Bien sûr, cette répartition n'est pas figée dans le marbre. Au fil du temps, je réévalue régulièrement mon portefeuille et j'ajuste la pondération des différentes classes d'actifs en fonction de l'évolution de ma situation personnelle et des conditions de marché. L'objectif est de maintenir un équilibre optimal entre risque et rendement, tout en restant aligné sur mes objectifs à long terme.

La diversification au sein même de chaque classe d'actifs est également essentielle. Par exemple, pour la partie actions, je veille à investir dans différents secteurs, zones géographiques et styles de gestion afin de réduire les risques spécifiques. De même, pour les obligations, je combine des émissions souveraines et corporatives de différentes échéances.

2. L'allocation des ressources

Après avoir déterminé la répartition idéale de mes actifs, l'étape suivante dans la construction de mon portefeuille d'investissement a été d'allouer mes ressources financières de manière stratégique. En tant qu'investisseur, j'ai rapidement compris que la gestion efficace de mon capital était essentielle pour maximiser mes rendements potentiels tout en contrôlant les risques.

Tout d'abord, j'ai évalué ma capacité d'investissement en prenant en compte mon revenu disponible, mes dépenses courantes et mon épargne existante. Cette analyse m'a permis d'établir un budget réaliste que je pouvais consacrer chaque mois à l'alimentation de mon portefeuille. J'ai également constitué un fonds d'urgence représentant environ six mois de dépenses, afin de ne pas avoir à puiser dans mes investissements en cas d'imprévu.

Ensuite, j'ai défini une stratégie d'allocation en deux volets. D'une part, j'ai investi une somme forfaitaire initiale issue de mon épargne pour constituer la base de mon portefeuille. D'autre part, j'ai mis en place un investissement programmé mensuel à partir de mon budget, me permettant d'alimenter régulièrement mes positions. Cette approche combinée m'a permis de bénéficier immédiatement d'une exposition aux marchés tout en lissant les effets de la fluctuation des prix à long terme grâce aux investissements périodiques.

Au fil du temps, j'ai veillé à rééquilibrer mon portefeuille régulièrement en fonction de l'évolution des marchés et de ma répartition d'actifs cible. Concrètement, lorsqu'une classe d'actifs devenait surpondérée par rapport à mon allocation visée, je revendais une partie des positions excédentaires pour investir le produit dans les classes sous-pondérées. Cette discipline m'a permis de cristalliser les gains et de maintenir un profil de risque cohérent.

Une autre composante clé de ma stratégie d'allocation a été de diversifier mes sources de revenus d'investissement. En plus des dividendes d'actions et des intérêts obligataires, j'ai progressivement développé des flux locatifs en investissant dans l'immobilier. Cette pluralité de revenus renforce la résilience de mon portefeuille face aux aléas économiques.

3. Le suivi et l'ajustement du portefeuille

Une fois le portefeuille d'investissement constitué, le travail ne s'arrête pas là. Un suivi régulier et des ajustements périodiques sont essentiels pour s'assurer que le portefeuille reste aligné sur les objectifs de l'investisseur et prend en compte les évolutions des marchés financiers.

Tout d'abord, il est important de surveiller attentivement les performances des différents investissements composant le portefeuille. Cela passe par un examen approfondi des rapports trimestriels et annuels des sociétés, fonds ou autres véhicules détenus. Une analyse rigoureuse des indicateurs financiers, de la stratégie et des perspectives permet d'identifier les positions à conserver, renforcer ou éventuellement alléger.

Parallèlement, il faut rester informé des grandes tendances

économiques, politiques et réglementaires susceptibles d'impacter les marchés financiers. Les anticipations macroéconomiques, les évolutions sectorielles et géopolitiques peuvent en effet influencer significativement la valorisation des actifs.

Sur la base de ce suivi constant, l'investisseur doit être prêt à procéder à des ajustements en rééquilibrant si nécessaire la répartition de son portefeuille. Par exemple, après une hausse importante du marché des actions, la pondération en actions peut devenir trop élevée par rapport à l'allocation cible, appelant à prendre des bénéfices pour réinvestir dans d'autres classes d'actifs plus défensives.

À titre personnel, je consacre plusieurs heures chaque semaine à passer en revue mes positions, analyser les dernières nouvelles et étudier différentes opportunités d'investissement. Cette veille active me permet de réagir rapidement aux changements de contexte et d'optimiser en permanence la composition de mon portefeuille.

Je profite également des réunions annuelles des actionnaires et des conférences données par les dirigeants pour approfondir ma compréhension de la stratégie et des enjeux des entreprises dans lesquelles je suis investi. Ces interactions directes me fournissent des informations précieuses difficiles à obtenir par d'autres canaux.

Enfin, tous les ans, je procède à un réexamen en profondeur pour m'assurer que mon portefeuille reste aligné sur mes objectifs financiers actualisés et mon horizon de placement révisé. C'est l'occasion de repenser si nécessaire la répartition d'actifs cible et de me projeter sur les années à venir.

Le suivi et l'ajustement continus d'un portefeuille d'investissement demandent rigueur et discipline, mais c'est le prix à payer pour optimiser les rendements tout en maîtrisant les risques sur le long terme.

En définitive, construire un portefeuille d'investissement réussi nécessite une approche méthodique et rigoureuse. Cela commence par une profonde introspection pour définir ses objectifs financiers, son horizon de placement et sa tolérance au risque. Sur cette base, il faut déterminer une répartition d'actifs équilibrée entre les différentes classes comme les actions, les obligations et les autres placements, en fonction de son profil d'investisseur.

Cette allocation des ressources doit se faire de manière rationnelle pour alimenter le portefeuille de façon régulière, tout en maintenant une diversification adéquate au sein de chaque catégorie d'actifs. Une discipline stricte est requise pour rééquilibrer périodiquement les positions et cristalliser les gains lorsque c'est opportun.

Mais au-delà de la construction initiale, le suivi constant et les ajustements fréquents sont la clé pour préserver la solidité du portefeuille dans la durée. Il faut garder un œil vigilant sur les évolutions des marchés, l'actualité économique et financière, ainsi que sur les tendances sectorielles. Seule une remise en cause permanente permet d'optimiser les rendements ajustés au risque.

Un portefeuille d'investissement est un organisme vivant qui nécessite des soins attentifs de tous les instants. C'est un travail de longue haleine qui exige rigueur, discipline et engagement. Mais en appliquant les bonnes méthodes, de manière cohérente et persévérante, il est possible de se constituer un patrimoine financier solide qui ouvrira la voie vers la réalisation de ses objectifs.

Chapitre 7 : Les stratégies d'investissement

Lorsqu'il s'agit d'investir son argent, il n'existe pas de solution unique. Les investisseurs ont à leur disposition une large palette de stratégies d'investissement, chacune présentant ses propres avantages, risques et caractéristiques. Le choix de la stratégie dépend de nombreux facteurs tels que les objectifs financiers, l'horizon de placement, la tolérance au risque et les préférences personnelles de l'investisseur.

Certaines stratégies visent une croissance rapide du capital investi, tandis que d'autres privilégient la génération régulière de revenus. Certaines misent sur une gestion active et dynamique du portefeuille, quand d'autres favorisent une approche plus passive à long terme. Elles peuvent cibler différentes classes d'actifs comme les actions, les obligations, l'immobilier ou encore les matières premières.

Au-delà des stratégies elles-mêmes, de nombreux autres critères entrent en ligne de compte comme la fiscalité, la diversification géographique et sectorielle ou encore le recours à l'effet de levier financier. La compréhension approfondie de ces différentes dimensions est essentielle pour définir la stratégie la mieux adaptée à son profil et à ses ambitions.

1. L'investissement passif

L'investissement passif, aussi appelé investissement indiciel, est une stratégie qui consiste à répliquer la performance d'un indice boursier donné, plutôt que de tenter de la surpasser de manière active. Cette approche repose sur l'hypothèse qu'il est extrêmement difficile de battre les grands indices de référence sur le long terme, même pour les meilleurs gestionnaires.

L'investisseur acquiert généralement des fonds indiciels cotés (ETF) ou des fonds indiciels classiques qui reproduisent la composition des indices visés, comme le S&P 500 pour les actions américaines ou l'Eurostoxx 50 pour les principales valeurs européennes. Ces fonds répliquent ainsi mécaniquement la performance de l'indice sous-jacent, avec de très faibles frais de gestion.

Cette stratégie passive présente de nombreux avantages. Tout d'abord, les coûts sont nettement inférieurs à ceux des fonds activement gérés, ce qui maximise les rendements nets à long terme. Ensuite, elle permet de s'exposer simplement à la performance globale des marchés, sans devoir sélectionner des titres en particulier. Enfin, la composition des portefeuilles indiciels est entièrement transparente et prévisible.

L'investissement passif comporte cependant certaines limites. En suivant aveuglément les indices, on s'expose également à l'intégralité des chocs et ralentissements des marchés sous-jacents. De plus, cette approche ne permet pas de tirer parti d'opportunités spécifiques identifiées par une gestion active avisée.

Pour ma part, l'investissement indiciel est un pilier essentiel de ma stratégie d'investissement. J'ai constitué le cœur de mon portefeuille avec trois ETF répliquant les principaux indices mondiaux d'actions et d'obligations. Cette base passive solide me permet de capter efficacement la performance générale des marchés à moindre coût.

En parallèle, je complète cette composante avec une poche de gestion active ciblant des secteurs, thématiques ou zones géographiques spécifiques. Cette combinaison passive/active me semble offrir le meilleur équilibre entre simplicité, performance et maîtrise des risques sur le long terme.

Bien que l'investissement passif ne permette pas de battre les indices phares, il conserve pour moi un rôle central en apportant le socle stable et peu coûteux sur lequel je peux construire une stratégie complète.

2. L'investissement actif

À l'opposé de l'approche passive indicielle, l'investissement actif implique une gestion dynamique du portefeuille dans le but de surperformer les indices de référence. Il s'agit d'une stratégie nettement plus complexe, qui requiert une analyse approfondie et une prise de décision continue.

Les investisseurs actifs cherchent à identifier et exploiter les inefficiences des marchés financiers. En anticipant mieux que la moyenne les évolutions de valorisation de certaines actions, obligations ou autres actifs, ils espèrent générer une "surperformance" par rapport aux indices.

Cette stratégie fait appel à de multiples techniques d'analyse fondamentale (étude des ratios financiers, modèles d'évaluation...), technique (analyse graphique et tendancielle) ou quantitative (utilisation de modèles mathématiques). Les choix d'allocation tactique entre différentes classes d'actifs ainsi que la sélection minutieuse des titres en portefeuille sont au cœur du processus.

L'avantage est qu'il permet potentiellement de dégager des

rendements supérieurs en exploitant au mieux les opportunités de marché. Mais ce potentiel s'accompagne d'un risque accru de sous-performance en cas d'erreurs d'analyse ou de prises de décision mal avisées. De plus, cette approche entraîne généralement des frais de transaction et de gestion bien plus élevés.

Personnellement, bien que l'investissement passif représente la base de mon portefeuille, j'accorde une place importante à la gestion active. J'estime en effet disposer des compétences et de la discipline nécessaires pour identifier des dossiers de financement à fort potentiel.

Je me concentre principalement sur l'analyse des valorisations lors des fenêtres d'opportunité comme les introductions en bourse ou les phases de repli boursier. J'exploite également les tendances de fond comme les ruptures technologiques ou les transitions énergétiques pour investir dans les acteurs clés.

Mon processus de sélection est rigoureux, basé sur une revue approfondie des fondamentaux et de la stratégie des entreprises. Je n'hésite pas à passer du temps sur le terrain pour rencontrer les dirigeants et visiter les sites de production. Une fois les décisions d'investissement prises, je reste également très vigilant au suivi et aux potentiels signaux d'inflexion.

Même si cette approche est chronophage et comporte des risques, j'estime que les rendements générés par mes meilleures convictions permettent de compenser largement le coût d'opportunité de l'investissement passif. L'investissement actif exige rigueur et persévérance, mais c'est un exercice stimulant qui me passionne au quotidien.

3. L'investissement value

L'investissement value, ou investissement en valeur, est une stratégie ancienne mais toujours très populaire auprès des investisseurs aguerris. Le principe consiste à rechercher et acquérir des titres (actions, obligations...) dont la valorisation semble injustement dépréciée par les marchés par rapport à leurs fondamentaux réels.

Les investisseurs value partent du postulat que les marchés sont imparfaits et que les prix des actifs peuvent temporairement s'écarter de façon excessive de leur valeur intrinsèque réelle. Ils profitent alors de ces "fenêtres d'opportunité" pour acheter des actifs sous-évalués, avec l'objectif de les revendre une fois que le marché aura reconnu leur juste valorisation.

Cette approche repose sur une analyse rigoureuse des fondamentaux financiers des entreprises ou autres émetteurs : solidité du bilan, génération de cash-flows, potentiel de croissance, avantages concurrentiels, etc. Les investisseurs utilisent généralement différentes méthodes d'évaluation comme l'actualisation des cash-flows, l'analyse des ratios ou la valorisation par les comparables.

Bien que risquée à court terme, la stratégie value a fait ses preuves sur le long terme grâce à son effet de "rattrapage" des valorisations. De nombreuses études ont d'ailleurs montré la surperformance historique des portefeuilles value par rapport aux indices généraux.

Du côté des inconvénients, la grande difficulté consiste à correctement identifier les réelles opportunités de sous-valorisation, et à faire preuve de patience en attendant que le marché leur donne raison, ce qui peut prendre parfois plusieurs années.

En ce qui me concerne, l'investissement value représente le cœur de ma stratégie de gestion active. J'étudie en permanence les marchés à la recherche de dossiers délaissés de façon injustifiée, que je peux acheter avec une décote substantielle sur leurs niveaux de valorisation théoriques.

Mon processus d'analyse passe par une immersion complète dans les modèles économiques et les secteurs des entreprises cibles. Je passe au crible l'intégralité de leurs comptes et projections, tout en menant de nombreux échanges avec les équipes de direction pour comprendre leur vision stratégique. Je ne conclus un investissement que lorsque je dispose d'un fort niveau de conviction sur le potentiel de réappréciation du titre à moyen terme.

Bien que mon approche value m'ait occasionné quelques déboires dans le passé, elle a été globalement très créatrice de valeur au fil des ans. Ma principale force est sans doute d'allier rigueur et patience. En sachant garder mon sang-froid face aux fluctuations à court terme, je parviens généralement à tirer pleinement parti des réévaluations de valeur sur mes meilleures convictions, avec parfois des effets de levier importants sur mes rendements.

4. L'investissement dans les entreprises en croissance

L'objectif est d'identifier des sociétés capables de connaître une expansion rapide de leurs revenus et bénéfices sur le moyen à long terme.

Les entreprises en phase de croissance possèdent généralement des atouts clés comme des produits ou services innovants, un positionnement solide sur des marchés porteurs, un avantage technologique décisif ou encore un modèle économique très évolutif. Leur capacité à capter des parts de marché et à générer une croissance soutenue de leurs flux de trésorerie permet d'envisager une forte appréciation future de leur valorisation boursière.

A noter que ce potentiel de croissance élevé s'accompagne de risques tout aussi importants. Ces entreprises font souvent face à une forte concurrence, à des dépenses d'investissement massives et à l'incertitude sur leur capacité à transformer leurs opportunités en succès commercial pérenne. Leurs valorisations initiales tendent également à être tendues, ce qui laisse peu de marge d'erreur en cas de déception.

Pour l'investisseur, la clé consiste donc à correctement évaluer le couple risque/rendement potentiel. Une analyse approfondie des facteurs clés de succès est indispensable, tout comme la compréhension des risques majeurs inhérents au business model.

De mon côté, j'accorde une place de choix dans mon portefeuille aux sociétés en phase d'expansion rapide. Je me concentre particulièrement sur les valeurs technologiques et d'innovation qui façonnent les standards et usages de demain.

Mon processus d'investissement dans ces dossiers est extrêmement rigoureux. Je passe au crible leurs avantages concurrentiels, la taille de leurs opportunités, leur capacité d'exécution et leur solidité financière. Une fois la décision prise, mon approche est d'investir dans la durée avec une vision véritablement à long-terme, au-delà des soubresauts ponctuels des cours.

Je me consacre au suivi très régulier de ces positions pour m'assurer de la matérialisation des objectifs de croissance et de l'absence de signaux de dégradation durable. Dans ce cadre, je n'hésite pas à remettre en cause mes convictions si les éléments factuels le justifient.

Les investissements en croissance demandent une grande rigueur et peuvent impliquer une volatilité à court terme. Mais à long terme, les rendements potentiels de ces dossiers à fort levier opérationnel restent parmi les plus élevés sur les marchés financiers. C'est pourquoi ils constituent l'un des piliers majeurs de ma stratégie d'investissement globale.

En définitive, le choix d'une stratégie dépend grandement des objectifs, de l'horizon de placement et du profil de risque de chaque investisseur. L'approche passive par réplication indicielle offre simplicité et faibles coûts, au prix d'une performance calquée sur les marchés. À l'inverse, la gestion active requiert rigueur et discipline, mais permet de viser la surperformance en exploitant les inefficiences. L'investissement value consiste à dénicher les valeurs injustement décotées, tandis que l'investissement dans la croissance cible les sociétés à fort potentiel d'expansion. Quelle que soit la voie choisie, la diversification, le rééquilibrage régulier et le suivi minutieux restent les clés d'un portefeuille financier résilient et performant sur le long terme.

Chapitre 8 : Les défis et les opportunités sur les marchés financiers

Les marchés financiers représentent à la fois un formidable potentiel de création de richesse et un terrain d'investissement complexe et risqué. Placer son argent avec succès sur les bourses mondiales, le marché obligataire ou d'autres classes d'actifs est un exercice délicat qui comporte de nombreux défis à relever.

Tout d'abord, les investisseurs doivent faire preuve d'une solide maîtrise dans l'analyse fondamentale et l'évaluation des actifs financiers. Décortiquer les états financiers, modéliser les projections d'entreprises, apprécier les conditions économiques sont autant de compétences indispensables pour espérer dégager des rendements supérieurs à long terme.

Le deuxième défi réside dans la gestion optimale des risques inhérents aux marchés financiers. Leur grande volatilité exige une tolérance au risque élevée et une approche disciplinée pour préserver ses capitaux malgré les inévitables chocs et retournements de tendance. La maîtrise des concepts de diversification et d'allocation d'actifs est primordiale.

Par ailleurs, les investisseurs doivent sans cesse s'adapter à un environnement en profonde mutation sous l'effet de l'innovation technologique, de l'évolution réglementaire ou encore des enjeux environnementaux et sociétaux. Anticiper ces changements majeurs est un exercice ardu mais indispensable pour identifier les menaces et opportunités à venir.

Malgré ces défis de taille, les marchés financiers offrent des perspectives de valorisation de capital et de génération de revenus particulièrement attractives sur le long terme. Le potentiel de croissance des actions, les flux réguliers d'intérêts obligataires ou les rendements alternatifs de l'immobilier et des matières premières permettent de construire des portefeuilles diversifiés et résilients.

De plus, la financiarisation croissante de l'économie mondiale et l'ouverture des frontières offrent un terreau quasi illimité d'opportunités d'investissement à l'échelle internationale. Des milliers de sociétés cotées à travers le globe, ainsi que de multiples classes d'actifs sont accessibles aux investisseurs les plus avisés.

Par conséquent, malgré les risques inhérents, les marchés financiers représentent un formidable outil de création de patrimoine pour qui sait relever les défis avec méthode, rigueur et vision à long terme.

1. L'impact des crises économiques

Les crises économiques majeures représentent sans conteste l'un des principaux défis auxquels les investisseurs sont confrontés sur les marchés financiers. Qu'il s'agisse de crises systémiques comme celle des subprimes en 2008 ou de chocs plus conjoncturels, leurs effets peuvent être dévastateurs sur la valorisation des actifs détenus en portefeuille.

En période de forte récession économique, la chute de la demande et de la production des entreprises se traduit généralement par un effondrement de leurs bénéfices. Les perspectives bénéficiaires à long terme étant revues à la baisse, leurs valorisations boursières subissent des corrections en profondeur. Sur les marchés obligataires également, la dégradation de la situation financière des émetteurs entraîne une hausse des primes de risque et des taux d'intérêt exigés par les investisseurs.

Au-delà de l'impact direct sur les entreprises, les crises touchent l'ensemble des acteurs économiques, des ménages aux États en passant par le système bancaire. Ce cycle pernicieux d'anticipations défavorables, de baisse de la consommation et de l'investissement génère un choc massif et durable sur les marchés financiers.

Paradoxalement, ces phases de choc constituent également des opportunités exceptionnelles pour les investisseurs les plus aguerris. En effet, les baisses de valorisation deviennent souvent excessives par rapport aux fondamentaux réels des actifs, ouvrant des fenêtres dont peuvent profiter les investisseurs opportunistes à long terme.

Sur le plan personnel, j'ai été confronté de plein fouet aux violentes secousses des crises de 2008 et 2020. Si ces périodes ont été extrêmement douloureuses sur le plan financier et psychologique à court terme, elles m'ont également permis de réaliser certains de mes investissements les plus fructueux sur le long terme.

Ma stratégie en période de krach consiste à maintenir mon sang-froid pour analyser les fondamentaux au-delà du vent de panique général. J'effectue une revue rigoureuse de l'ensemble de mes positions en identifiant les dossiers fragilisés qu'il faut alléger ou céder, et ceux présentant un potentiel de rebond attractif qu'il faut conserver voire renforcer.

C'est dans ces moments charnières que ma discipline de longue date et ma vision contrariante paient véritablement. J'assume pleinement mes convictions en exploitant les lourdes décotes pour initier ou renforcer des lignes sur des valeurs de qualité que je pourrai détenir dans la durée.

Si l'impact psychologique des krachs boursiers est toujours difficile à gérer, j'ai appris à les voir comme des fenêtres d'opportunité à saisir plutôt que comme des menaces. En restant focalisé sur les fondamentaux à long terme et en faisant preuve de disciple, il est possible de transformer ces crises en formidables relais de performance pour un portefeuille financier.

2. Les tendances émergentes à surveiller

Dans un environnement en constante mutation, il est indispensable pour les investisseurs de rester à l'affût des grandes tendances émergentes qui façonneront les marchés financiers de demain. Plusieurs bouleversements majeurs sont d'ores et déjà à l'œuvre et ouvrent un large éventail d'opportunités à explorer.

La transition énergétique vers un modèle sobre en carbone constitue sans aucun doute l'une des thématiques phares à suivre. Les efforts massifs déployés dans les énergies renouvelables comme l'éolien, le solaire ou l'hydrogène vont profondément transformer de nombreux secteurs comme les utilities, les transports ou encore l'industrie lourde. De nouvelles technologies de rupture comme le stockage d'énergie ou les biocarburants durables pourraient également connaître une adoption fulgurante.

Dans un autre registre, la révolution du numérique et des

technologies de l'information n'en est qu'à ses prémices. L'intelligence artificielle, la réalité virtuelle/augmentée, la blockchain, le cloud, l'internet des objets ou encore la cybersécurité sont autant de domaines en pleine effervescence qui vont bouleverser nos modes de vie et de consommation. Les entreprises à la pointe de ces innovations ultra-prometteuses seront les grands gagnants de demain.

Un autre axe structurant est celui de l'essor de la classe moyenne mondiale, en particulier dans les pays émergents. Cette tendance séculaire ouvre d'immenses opportunités pour les acteurs bien positionnés sur les biens de consommation, les services financiers, la santé, le divertissement ou encore le tourisme à destination de ces nouveaux consommateurs.

Ajoutons à cela les impacts potentiellement massifs des avancées dans les biotechnologies, les nouvelles mobilités, l'impression 3D ou encore l'exploration spatiale pour entrapercevoir l'ampleur des disruptions à venir dans les années qui viennent.

Dans un monde qui change à la vitesse de l'éclair, la capacité à déceler les grandes tendances structurantes avant qu'elles ne deviennent des évidences est désormais obligatoire pour tout investisseur visant la performance sur le long terme. C'est un exercice permanent de curiosité, de remise en cause et d'ouverture d'esprit, mais qui m'enthousiasme au plus haut point dans ma quête d'opportunités réellement porteuses.

3. Les conseils pour rester serein pendant les périodes de volatilité

Les marchés financiers connaissent inévitablement des

phases de forte volatilité qui peuvent mettre les nerfs des investisseurs à rude épreuve. Lorsque les cours s'affolent dans un sens comme dans l'autre, il devient tentant de céder à la panique ou de prendre des décisions irréfléchies sous l'effet de l'émotion du moment. Cependant, garder son calme et sa sérénité durant ces périodes agitées est crucial pour ne pas compromettre sa stratégie d'investissement à long terme. Avec la bonne préparation mentale, un plan d'action réfléchi et des principes directeurs solides, il est possible de traverser ces turbulences tout en préservant ses objectifs financiers. Que vous soyez un investisseur chevronné ou débutant, voici quelques conseils avisés pour cultiver votre sang-froid face à la volatilité des marchés.

- Adoptez une vision à long terme

Il est essentiel de ne pas se focaliser sur les fluctuations à court terme des marchés. Les cycles haussiers et baissiers font partie intégrante de l'investissement. En gardant une perspective sur plusieurs années, vous comprendrez que les baisses temporaires sont normales et finissent par se corriger sur le long terme. Concentrez-vous sur vos objectifs à long terme plutôt que sur les performances immédiates.

- Diversifiez votre portefeuille

Une solide diversification est de rigueur pour atténuer l'impact de la volatilité. Répartissez vos investissements dans différentes classes d'actifs, secteurs d'activité et zones géographiques. Ainsi, si un segment connaît des turbulences, les autres peuvent amortir le choc. Un portefeuille bien diversifié subira des variations de valeur plus modérées.

- Établissez un plan d'investissement réfléchi

Avant d'investir, définissez clairement vos objectifs, votre horizon de placement et votre tolérance au risque. Établissez ensuite un plan détaillé conforme à cette stratégie. Tenez-vous-y rigoureusement par la suite, sans vous laisser déstabiliser par les remous passagers des marchés. Un plan solide vous évitera les décisions irréfléchies.

- Gardez votre discipline

La clé pour traverser sereinement les phases agitées est de faire preuve d'une grande discipline. Évitez de réagir de manière excessive ou impulsive aux mouvements du marché. Résistez à la tentation de vendre sous le coup de l'émotion ou d'essayer de "timing" le marché. Votre plan devrait déjà prévoir des ajustements en cas de besoin.

- Suivez l'actualité avec un esprit critique

Tenez-vous au courant de l'évolution des marchés, mais filtrez les informations anxiogènes. Privilégiez les analyses rationnelles des experts confirmés, plutôt que les rumeurs et les spéculations alarmistes. Une vision objective vous aidera à conserver votre calme.

- Acceptez que le risque fait partie du jeu

Tout placement comporte une part de risque, surtout à court terme. Acceptez cette réalité dès le départ et préparez-vous mentalement aux inévitables hauts et bas des marchés. Cette exposition contrôlée au risque est le prix à payer pour viser des rendements intéressants.

- Diversifiez vos sources de revenus

Pour vous protéger davantage, essayez d'avoir plusieurs

sources de revenus et de ne pas dépendre uniquement de vos investissements. Des revenus professionnels ou entrepreneuriaux stables vous apporteront un coussin de sécurité bienvenu en cas de chute des marchés.

In fine, cultivez la patience, la discipline et gardez confiance dans votre stratégie à long terme. Les véritables crises passent, mais les principes fondamentaux d'un investissement réfléchi demeurent. En évitant de réagir sous le coup de l'émotion, vous augmenterez vos chances d'atteindre sereinement vos objectifs financiers dans la durée.

Chapitre 9 : Les aspects fiscaux de l'investissement

L'investissement est un outil puissant pour faire fructifier son patrimoine et préparer son avenir financier, mais il implique également des considérations fiscales importantes. En effet, les gains réalisés sur les placements sont généralement soumis à l'impôt, et il est essentiel de bien comprendre les règles en vigueur afin d'optimiser sa stratégie d'investissement. Une planification fiscale avisée peut vous permettre de réduire légalement votre facture fiscale et de conserver une plus grande part de vos rendements.

Les aspects fiscaux varient considérablement selon le type de placement, le pays de résidence, la situation personnelle de l'investisseur et de nombreux autres facteurs. C'est un domaine complexe qui nécessite une bonne compréhension des lois en vigueur. Par exemple, les dividendes, les plus-values, les intérêts et les revenus locatifs sont généralement imposables, mais avec des taux et des modalités différents. De même, les comptes d'investissement comme les comptes d'épargne retraite bénéficient souvent d'avantages fiscaux spécifiques.

Au-delà des règles générales, il existe de nombreuses stratégies permettant d'alléger légalement sa facture fiscale liée. L'achat d'obligations d'État, le choix judicieux de la localisation de ses avoirs ou encore l'utilisation de véhicules d'investissement fiscalement avantageux comme les fonds indiciels cotés en bourse peuvent s'avérer très rentables sur le long terme.

Par ailleurs, la planification fiscale est un exercice délicat qui nécessite une excellente connaissance des lois en constante évolution. Il est souvent judicieux de faire appel à un conseiller fiscal ou un professionnel de la gestion de patrimoine pour s'assurer de respecter la légalité tout en optimisant sa situation. Une erreur ou une négligence pourrait vous exposer à des pénalités coûteuses de la part des autorités fiscales.

Bien que les considérations fiscales puissent sembler ardues, les efforts consentis pour s'y conformer et minimiser légalement ses impôts en valent la peine. Ils vous permettront de conserver une part maximale de vos gains et contribueront à atteindre plus rapidement vos objectifs financiers à long terme. Une saine planification fiscale est un ingrédient essentiel pour tout investisseur sérieux soucieux d'optimiser durablement ses rendements.

1. Les réglementations fiscales à connaître

Lorsqu'on s'intéresse aux aspects fiscaux de l'investissement, il est primordial de bien connaître les réglementations et lois en vigueur. Celles-ci diffèrent grandement selon les pays et les juridictions, mais on retrouve généralement quelques grands principes récurrents.

Tout d'abord, la plupart des revenus d'investissement sont imposables dans la majorité des pays. Qu'il s'agisse de dividendes, d'intérêts, de plus-values ou de revenus locatifs, ces flux de trésorerie générés sont usuellement soumis à l'impôt sur le revenu aux taux en vigueur. Cependant, de nombreuses nuances et exceptions existent selon le type de placement et la nature précise des revenus. Par exemple, dans certains pays, les plus-values mobilières à long terme bénéficient d'un taux d'imposition réduit voire d'une exonération totale au-delà d'un certain délai de détention.

Au-delà de la source des revenus, les réglementations prévoient souvent des régimes fiscaux spécifiques en fonction de l'enveloppe d'investissement utilisée. C'est particulièrement le cas des comptes d'épargne-retraite qui bénéficient généralement d'avantages fiscaux substantiels, avec des déductions permises sur les cotisations et/ou une imposition allégée ou différée sur les gains en capital.

Enfin, de nombreux autres facteurs entrent en ligne de compte comme le niveau global de revenus, la situation familiale, le lieu de résidence ou encore la citoyenneté de l'investisseur. Ces différents critères déterminent souvent l'application de taux d'imposition particuliers et de niches fiscales diverses.

La fiscalité des investissements est donc un domaine d'une grande complexité technique. C'est pourquoi de nombreux investisseurs chevronnés font le choix de consulter régulièrement des experts-comptables, avocats fiscalistes ou conseillers en gestion patrimoniale. Voici d'ailleurs comment je m'efforce personnellement de bien appréhender ces enjeux.

La maîtrise des réglementations fiscales est un prérequis essentiel à la réussite. Après tout, une erreur ou une méconnaissance des lois pourrait m'exposer à de lourdes pénalités de la part des autorités, et réduire considérablement mes rendements. C'est la raison pour laquelle j'accorde une attention de tous les instants à ces aspects.

Je commence par bien différencier au sein de mon portefeuille les diverses sources de revenus d'investissement : dividendes, intérêts, plus-values, loyers immobiliers, etc. Pour chacune d'entre elles, je m'efforce de comprendre dans les moindres détails les modalités d'imposition afin de calculer avec précision mes obligations fiscales.

Je reste également très vigilant concernant les changements réglementaires, qui peuvent avoir un impact majeur sur ma stratégie de placement d'une année sur l'autre. Les lois fiscales évoluent en permanence et de nouvelles niches peuvent apparaître comme disparaître du jour au lendemain. Je me tiens informé en scrutant attentivement les annonces gouvernementales.

Néanmoins, quand la complexité devient trop grande, je n'hésite pas à faire appel aux conseils experts de fiscalistes réputés. Leur maîtrise pointue des multiples subtilités juridiques me permet d'optimiser au mieux ma situation d'un point de vue fiscal, en toute légalité. Je considère ces honoraires comme un financement judicieux pour préserver l'intégralité de mes rendements.

Aussi performante qu'elle puisse être, la meilleure stratégie d'investissement n'a que peu de valeur si elle n'est pas optimisée fiscalement. Connaître les réglementations en vigueur représente la clé pour dégager des rendements réels maximaux tout en me conformant rigoureusement au cadre légal. Une approche gagnante sur le long terme.

2. Les avantages fiscaux de certains investissements

Si la plupart des revenus d'investissement sont soumis à

l'impôt, il existe heureusement certaines options permettant de bénéficier d'un traitement fiscal plus avantageux. De nombreux pays encouragent en effet certains types de placements jugés souhaitables en leur accordant des régimes dérogatoires intéressants.

L'un des premiers exemples frappants concerne l'immobilier locatif. Dans de nombreuses juridictions, les revenus locatifs subissent une imposition réduite grâce à divers abattements et déductions autorisés. Les propriétaires peuvent généralement déduire l'intégralité des charges d'entretien, de rénovation et des intérêts d'emprunt. Certains pays vont même jusqu'à exonérer les plus-values immobilières après un certain délai de détention, favorisant ainsi l'investissement de long terme.

Un autre secteur bénéficiant souvent d'avantages fiscaux notables est celui des entreprises innovantes et de la recherche et développement. De nombreux gouvernements mettent en place des crédits d'impôts avantageux pour stimuler l'investissement dans ces domaines jugés essentiels à la croissance économique. On peut citer l'exemple du Royaume-Uni avec ses crédits d'impôt pour les entreprises de haute technologie et les start-ups.

Mais l'un des véhicules d'investissement les plus fiscalement avantageux reste sans conteste l'enveloppe d'épargne retraite. Que ce soit les 401(k) aux États-Unis, les REER au Canada ou encore les plans d'épargne retraite entreprise en France, ces comptes spécifiques permettent généralement de déduire les cotisations de son revenu imposable et de ne payer l'impôt que sur les retraits futurs, souvent à un taux réduit. Un moyen idéal de constituer un capital en différant temporairement l'impôt.

Enfin, de plus en plus de juridictions cherchent à attirer les capitaux étrangers en instaurant des régimes fiscaux allégés pour les investisseurs non-résidents. C'est par exemple le cas de pays comme le Portugal ou l'Italie avec leurs statuts de résidents fiscaux privilégiés. Un même investissement peut donc être taxé de manière totalement différente selon la résidence de l'investisseur.

En tant qu'investisseur avisé, je suis parfaitement conscient de l'importance de tirer parti de ces diverses opportunités d'optimisation fiscale. Il serait contre-productif de négliger ces leviers légaux pour améliorer mon rendement net après impôts. Par conséquent, j'accorde une place de choix à cette dimension dans ma stratégie de placement globale.

Dès la constitution initiale de mon portefeuille, je m'attache à favoriser les investissements bénéficiant d'un traitement fiscal préférentiel. L'immobilier locatif représente bien entendu l'une de mes principales cibles, de même que les participations dans des entreprises innovantes éligibles aux crédits d'impôt. Je veille également à profiter au maximum des avantages considérables liés aux enveloppes d'épargne-retraite en y consacrant une partie substantielle de mes nouveaux investissements chaque année.

Mais je reste aussi attentif aux éventuelles opportunités liées à ma situation personnelle et géographique. Si je venais à déménager ou acquérir une seconde résidence dans un pays accordant un statut fiscal privilégié, je n'hésiterais pas à en tirer parti pour certains de mes capitaux. Une approche pragmatique et légale pour optimiser ma situation.

Car au final, bien que complexes, ces considérations fiscales sont un aspect primordial pour tout investisseur soucieux de maximiser durablement ses rendements nets. En me tenant informé des derniers développements et en exploitant intelligemment les diverses niches réglementaires, je peux réduire substantiellement ma facture d'impôts tout en contribuant utilement au financement de l'économie. Une stratégie véritablement gagnant-gagnant sur le long terme.

3. Les stratégies de gestion fiscale

Enfin, optimiser sa situation fiscale en tant qu'investisseur requiert bien plus qu'une simple compréhension des réglementations en vigueur. Cela nécessite la mise en œuvre de stratégies de gestion fiscale actives et bien pensées. L'enjeu est de minimiser légalement son exposition à l'impôt tout en conservant une parfaite conformité juridique. Voici quelques-unes des principales approches à considérer.

Tout d'abord, une bonne planification de la localisation de ses avoirs représente un levier puissant. En répartissant judicieusement ses financements entre différents pays et juridictions fiscales, on peut souvent bénéficier de taux d'imposition plus avantageux. C'est d'autant plus vrai pour les personnes disposant d'une certaine mobilité géographique, qui pourront éventuellement choisir une résidence fiscale privilégiée. Cette stratégie de diversification des localisations permet aussi de mieux gérer son exposition aux fluctuations réglementaires propres à chaque pays.

Ensuite, le choix judicieux des enveloppes d'investissement constitue un autre pilier essentiel. On l'a vu, les comptes d'épargne retraite offrent des avantages fiscaux substantiels qu'il serait dommage de négliger. Mais d'autres structures comme les contrats d'assurance-vie ou les comptes de gestion sous mandat peuvent aussi s'avérer très pertinents selon les cas pour différer ou alléger la charge fiscale.

La répartition optimale de ses placements entre ces différentes enveloppes représente un exercice délicat qui mérite réflexion. Chacune possède ses propres spécificités juridiques et fiscales qu'il convient d'appréhender finement. Un petit effort de planification en amont peut alors permettre d'économiser des sommes importantes à long terme.

Mais au-delà de ces aspects structurels, les meilleures stratégies de gestion fiscale reposent aussi sur un pilotage actif au fil du temps. En étant réactif et patient, on peut souvent optimiser la localisation de ses plus-values, moduler opportunément ses prélèvements en fonction de sa tranche marginale d'imposition, ou encore tirer parti de niches réglementaires ponctuelles.

Les investisseurs les plus offensifs pourront même envisager des montages fiscaux sophistiqués, comme le recours aux prêts sur nantissement ou la création de sociétés holdings ad hoc. Mais ces options de vases communicants entre pays requièrent une grande rigueur et une connaissance approfondie de la réglementation pour éviter tout risque de requalification abusive.

Pour ma part, en tant qu'investisseur chevronné, je place une très grande importance sur ces aspects d'optimisation fiscale. Dès la conception initiale de ma stratégie de placement, j'intègre pleinement ces enjeux pour me donner le maximum de chances d'atteindre mes objectifs finaux.

Ainsi, je reste attentif à la localisation géographique idéale de mes différentes lignes d'investissement. En répartissant mon portefeuille sur plusieurs juridictions fiscales, je me constitue une forme de "parapluie" réglementaire qui me met à l'abri des aléas propres à chaque pays. Et lorsque c'est possible et pertinent, je n'hésite pas à considérer une éventuelle relocalisation de résidence fiscale dans une contrée plus favorable.

Je veille également à toujours privilégier les enveloppes d'investissement les plus fiscalement avantageuses, comme les comptes d'épargne retraite ou les contrats d'assurance-vie. Au fil du temps, j'ajuste continuellement la répartition de mes avoirs en leur sein selon mon horizon de placement et mes besoins prévisionnels en revenus. Une gymnastique minutieuse mais qui me garantit d'optimiser mes économies d'impôts.

Enfin, je reste très réactif pour saisir les opportunités créées par les changements réglementaires, qu'il s'agisse de nouvelles niches fiscales ou de simples fenêtres de tir temporaires. Chaque année, j'examine avec la plus grande attention les nouveaux dispositifs mis en place pour y puiser le maximum d'avantages pour mon patrimoine.

Car si d'aucuns considèrent la gestion fiscale comme une simple contrainte, j'y vois avant tout un formidable levier de performance à long terme. Avec la bonne approche, il est tout à fait possible d'alléger substantiellement sa facture fiscale tout en respectant scrupuleusement les lois en vigueur. Bien menée, elle représente un puissant accélérateur pour atteindre mes objectifs patrimoniaux. Une dimension que je ne saurais négliger en tant qu'investisseur avisé et déterminé.

Au terme de cette analyse approfondie, il apparaît clairement que les aspects fiscaux représentent un enjeu incontournable pour tout investisseur sérieux. Loin d'être une simple contrainte administrative, une gestion avisée de sa situation fiscale peut s'avérer un puissant levier de performance à long terme. C'est pourquoi il est primordial de bien maîtriser les réglementations en vigueur et de mettre en œuvre des stratégies d'optimisation actives.

Que ce soit au niveau de la localisation géographique de ses avoirs, du choix judicieux des enveloppes d'investissement ou encore du pilotage dynamique dans le temps, de nombreux leviers existent pour réduire légalement son exposition à l'impôt. Des opportunités dont il serait contre-productif de se priver, tant leurs bénéfices cumulés peuvent s'avérer conséquents sur le long cours.

Ce jeu d'optimisation fiscale requiert une excellente compréhension des multiples subtilités juridiques en jeu. Il est bien souvent préférable de s'entourer de conseillers experts, tels que des fiscalistes aguerris ou des gestionnaires de fortune réputés. Leur maîtrise pointue des arcanes réglementaires et leurs conseils personnalisés permettront de sécuriser au mieux ses décisions patrimoniales.

Tandis qu'une simple négligence ou erreur d'appréciation peut s'avérer très coûteuse, une gestion fiscale menée avec rigueur et discernement représente au contraire un gage de sérénité et de prospérité sur le long terme. Elle offre cette précieuse tranquillité d'esprit de savoir que l'on bénéficie d'une situation pleinement optimisée et conforme aux lois en vigueur.

Au final, aborder les aspects fiscaux avec méthode et pragmatisme constitue l'une des clés de la véritable réussite pour tout investisseur ambitieux. Loin d'être un frein, une approche avisée en la matière peut substantiellement accélérer la progression vers ses objectifs patrimoniaux, à condition d'y consacrer les efforts nécessaires. Une forme d'investissement sur soi, dont on ne pourra que récolter les fruits avec satisfaction au fil des années.

Conclusion

Au fil des chapitres de ce livre, nous avons exploré en détail les différentes options et stratégies permettant de se constituer un patrimoine, même avec des moyens financiers initiaux limités. Si la tâche peut sembler ardue au premier abord, nous avons pu constater qu'avec de la méthode, de la discipline et un peu d'ingéniosité, il est tout à fait possible de bâtir progressivement un portefeuille diversifié et performant.

La clé réside avant tout dans l'adoption d'une approche patiente et raisonnée sur le long terme. Plutôt que de viser des gains rapides et risqués, mieux vaut commencer en douceur, en épargnant méthodiquement des sommes raisonnables chaque mois. Une fois ce premier pas décisif franchi, de multiples pistes s'offrent alors à l'investisseur débutant pour faire fructifier intelligemment son bas de laine.

Les supports d'épargne réglementés comme les livrets réglementés, l'assurance-vie ou encore les plans d'épargne retraite constituent des points d'entrée idéaux. Avantageux sur le plan fiscal et peu risqués, ils permettent de se familiariser sereinement avec les mécanismes de base de l'investissement. De précieux tremplins avant d'envisager des placements plus audacieux.

Car lorsque les moyens le permettent, il devient alors judicieux de diversifier son portefeuille en intégrant d'autres classes d'actifs plus offensives, comme les actions, les obligations d'entreprises ou encore l'immobilier. Des supports plus risqués, certes, mais également beaucoup plus rémunérateurs sur le long cours. C'est là que pourront pleinement s'exprimer les stratégies de diversification, de gestion du risque et d'optimisation fiscale abordées en profondeur dans ce guide.

L'investissement nécessite cependant un indispensable effort d'apprentissage et une grande rigueur. Il convient d'acquérir de solides bases techniques, de rester parfaitement informé de l'actualité économique et réglementaire, et de surveiller étroitement ses positions au fil du temps. Un travail conséquent mais ô combien gratifiant lorsqu'on en récolte les fruits, année après année.

Ainsi, en adoptant une approche méthodique, en épargnant de façon régulière et en exploitant judicieusement les divers leviers d'optimisation abordés, il est tout à fait possible, même avec un budget initial limité, de parvenir à se constituer un patrimoine confortable sur le long terme. Un objectif indéniablement ambitieux, mais pleinement réalisable pour tout investisseur déterminé à suivre scrupuleusement les préceptes développés dans ce guide.

Il ne reste plus désormais qu'à franchir le cap, en convertissant toutes ces connaissances fraîchement acquises en une solide stratégie personnelle. Définir ses objectifs patrimoniaux, déterminer son horizon de placement et son appétence au risque, planifier soigneusement ses premiers investissements... Autant d'étapes cruciales sur la voie d'une réussite financière durable. Un parcours semé d'embûches, certes, mais ô combien enthousiasmant et épanouissant pour qui sait faire preuve de courage, de patience et de discernement.

Alors n'attendez plus et osez franchir le cap. Grâce aux fondations solides acquises ici, vous voilà désormais pleinement armé pour transformer cette ambition en une réalité prospère. Peu importe votre situation de départ, les portes de la liberté financière vous sont grandes ouvertes. À vous de saisir cette opportunité et de bâtir, brique après brique, le patrimoine dont vous rêvez.

Cher lecteur, futur investisseur, votre avis compte

Si vous lisez ces quelques lignes, c'est que vous avez probablement lu ce livre entièrement. Je vous remercie d'avoir pris de votre précieux temps pour le lire.

Si ce guide de l'investissement vous a aidé et continue à vous accompagner dans votre vie professionnelle, alors j'en suis profondément touché. N'hésitez pas à le partager autour de vous.

Des questions ou suggestions ? Je serai ravi d'échanger avec vous.

De plus, n'hésitez surtout pas à laisser votre avis à propos du livre sur Amazon. Même bref, un commentaire honnête me sera d'une grande aide pour apporter encore plus de valeur ajoutée.

Merci de votre confiance…

Amicalement,

Conseils finaux

Vous voici arrivé au terme de ce guide complet sur l'investissement destiné aux budgets modestes. Vous disposez désormais de toutes les clés théoriques pour transformer cette ambition en une réalité concrète. Il ne vous reste plus qu'à passer à l'action ! Mais avant de vous lancer, permettez-moi de vous présenter quelques ultimes recommandations pour aborder cette nouvelle aventure dans les meilleures dispositions.

Tout d'abord, n'ayez crainte. Même avec des moyens financiers initiaux limités, vous pouvez parfaitement réussir dans cette voie. L'essentiel est de bien intégrer que l'investissement est un marathon, pas un sprint. Il vous faudra faire preuve de patience, de persévérance, et adopter une vision de très long terme. Une fois ce principe acquis, vous pourrez aborder cette quête avec sérénité et confiance.

Sur le plan pratique, le plus important est de vous fixer rapidement un objectif patrimonial clair et réaliste, en adéquation avec vos horizons personnels. Définissez ensuite une stratégie d'investissement détaillée avec des paliers précis pour l'atteindre. Un plan de bataille vous permettra d'avancer de façon méthodique et déterminée vers votre but.

Dans ce cadre, commencez par les bases en épargnant chaque mois. Même des petites sommes suffisent pour amorcer la pompe, le plus dur étant de lancer une dynamique vertueuse. Profitez des enveloppes fiscalement avantageuses comme le livret réglementé, l'assurance-vie ou les plans d'épargne retraite pour faire fructifier sereinement ces premières mises de départ.

Puis, dès que votre capacité d'épargne le permettra, diversifiez-vous progressivement vers des classes d'actifs plus risquées mais également plus rémunératrices sur le long terme. Les actions, les obligations d'entreprises, l'immobilier locatif... Autant d'opportunités pour doper substantiellement les rendements de votre portefeuille. Mais abordez-les avec méthode, en suivant les stratégies détaillées de gestion des risques et d'optimisation fiscale présentées dans ce guide. La patience et la rigueur sont les gages d'une réussite durable dans l'investissement.

Dans cette quête, n'ayez pas peur de vous faire aider. Constituer un patrimoine confortable requiert des compétences pointues en gestion de portefeuille, en analyse financière, en fiscalité... Autant de domaines complexes où les conseils d'experts reconnus peuvent faire toute la différence. Prenez le temps de bien vous entourer de conseillers aguerris en qui vous aurez pleinement confiance. Leurs précieux conseils personnalisés vous éviteront bien des écueils.

Cependant, n'en déléguez pas pour autant toute la responsabilité. Gardez toujours un œil attentif et une totale maîtrise sur la gestion de vos avoirs. Cultivez avec assiduité votre culture financière, économique et réglementaire pour être en phase avec vos placements. Suivez assidûment l'actualité pour détecter les opportunités et les menaces à venir pour votre portefeuille. Un investisseur averti en vaut deux !

Dans cette voie, soyez également prêt à consentir des efforts substantiels. Se constituer un patrimoine confortable nécessite un véritable investissement sur soi-même. Non seulement en termes financiers, avec l'effort d'épargne régulier, mais aussi sur les plans de la formation, de l'organisation personnelle, voire du mode de vie. Des sacrifices sont indispensables, surtout dans les premières années. Une vision de long terme et une motivation de fer sont donc indispensables pour tenir la distance.

Mais cette abnégation portera assurément ses fruits. Car en suivant scrupuleusement les préceptes avisés de ce guide, il vous sera possible d'atteindre, année après année, vos objectifs patrimoniaux. Quelle fierté de voir votre portefeuille prendre peu à peu de la valeur, de bénéficier de revenus complémentaires devenus confortables, et surtout, de se rapprocher pas après pas de cette liberté financière tant convoitée.

Un parcours long et ardu, certes, mais ô combien exaltant et gratifiant pour l'investisseur persévérant et visionnaire que vous êtes devenu. Alors n'hésitez plus. Mettez toutes les chances de votre côté en appliquant dès à présent ces conseils avisés. Grâce à ce guide désormais gravé dans votre esprit, vous détenez la feuille de route pour mener à bien cette quête initiatique. Saisissez fermement ce nouveau départ qui s'offre à vous, et avancez avec détermination vers l'accomplissement de vos rêves. À vous de bâtir le patrimoine dont vous êtes digne !

Cher Lecteur

Vous êtes arrivé au terme de ce livre, si vous souhaitez bénéficier d'un ebook totalement gratuit, scannez ce QR code.

www.ingramcontent.com/pod-product-compliance
Lightning Source LLC
Chambersburg PA
CBHW050114230526
45470CB00004B/1825